No pienses en un oso verde

No pienses en un oso verde

¿Y si dejas de luchar contra tu mente
y tus emociones?

Luis Miguel Real

VERGARA

Penguin
Random House
Grupo Editorial

Primera edición: junio de 2023

© 2023, Luis Miguel Real
© 2023, Penguin Random House Grupo Editorial, S. A. U.
Travessera de Gràcia, 47-49. 08021 Barcelona

Printed in Spain – Impreso en España

ISBN: 978-84-19248-56-5
Depósito legal: B-7851-2023

Compuesto en Llibresimes, S. L.

Impreso en Romanyà Valls, S. A.
Capellades (Barcelona)

VE 4 8 5 6 A

Sin el apoyo de las personas que me quieren,
no habría llegado tan lejos.
Se lo dedico a mi padre, mi madre y mi hermana.
Y a Sofía, que me dio fuerzas todo el camino.

ÍNDICE

INTRODUCCIÓN

Aviso para navegantes

No me gustan nada los libros de autoayuda. Pero nada de nada. Porque, aunque un libro esté escrito con muy buenas intenciones y mucha ilusión, no puede sustituir ni de lejos el trabajo que se hace en psicoterapia. Por eso esto no es un libro de autoayuda. Para mí, es un libro de divulgación. No pretendo hacerte «terapia», ni transformarte ni cambiarte la vida con lo que leas en estas páginas. No creo que un libro pueda hacer esas cosas, por mucho que me gustaría. Me parece demasiado ingenuo creerse eso. Sí que creo que un buen libro, en el momento indicado, puede prender la cerilla, la llama que encienda la mecha del cambio. Pero el verdadero cambio es más complejo y hace falta mucho más que leerse unas páginas.

Con este libro quiero transmitir una serie de ideas que creo que son muy importantes para la salud mental en el día a día. Imagínate que nos estuviésemos tomando un café mientras me voy por las ramas contándote historias de mi trabajo como psicólogo y algunas ocurrencias mías. Voy a ir explorando una serie de ideas, con ejemplos y anécdotas de mi día a día como profesional de la psicología. Intento explicar las cosas de manera cercana y fácil de comprender, con ejemplos de situaciones cotidianas, incluso chorradas que he visto en películas que me gustan. Y son eso: ocurrencias y anécdotas.

Por ello, si estás pasando por una situación difícil o un mal momento, no esperes que este libro vaya a solucionar todos tus problemas. Me encantaría que fuese así, de todo corazón, pero sé que no. El objetivo de este libro es ofrecerte nuevas perspectivas sobre nuestras neuras del día a día. Y utilizo ejemplos de cosas que he visto en terapia o en mi propia vida. No te las tomes de forma literal, porque cada persona es un mundo y cada caso es diferente. Si en el capítulo X cuento una cosa que le recomendé a alguien con un cierto problema de ansiedad, no quiere decir que tú debas hacer exactamente lo mismo.

Intento añadir la coletilla «depende...» lo más a menudo posible, pero a mí también se me olvidan las cosas, así que mejor obviarlo desde el principio. No te tomes nada de lo que leas en este libro como si estuviese escrito en piedra o le fuera a servir a todo el mundo el cien por cien de las veces, porque nada es así cuando hablamos del comportamiento humano.

Si tienes algún problema, mi mejor consejo es que encuentres la manera de obtener ayuda directa de profesionales de la salud mental, quienes te acompañarán y te irán dando pautas o recomendaciones concretas según tu caso.

En cuanto a este libro, lo he escrito con mucho cariño, y espero de todo corazón que lo disfrutes y te ayude a no sentirte tan mal por sentirte mal (sentirnos mal ya es difícil, así que mejor no empeorarlo contándonos que no deberíamos sentirnos mal).

1

EL-QUE-NO-DEBE-SER-NOMBRADO

El pensamiento es la única cosa del
universo de la que no se puede negar su existencia: negar es pensar.

JOSÉ ORTEGA Y GASSET

Oso blanco, oso blanco, oso blanco...

Cuando era adolescente era tan tan tan friki que me leí el tochaco de *Guerra y paz* del famoso escritor León Tolstói. Fue hace muchos años y no recuerdo gran cosa, solo recuerdo que me gustó. Y seguro que, si vuelvo a leérmelo ahora como adulto, le sacaré muchísimo más partido que mi yo adolescente (o eso espero).

Leí una vez una anécdota muy interesante de la infancia de Tolstói. Resulta que tenía un hermano mayor, y este tenía un «club» con otros niños mayores y guais. El pequeño Tolstói quería formar parte y su hermano le vaciló de una forma legendaria. Le dijo que tendría que superar un reto para poder entrar en el club de los niños mayores. Se ve que el hermano mayor de Tolstói era un cachondo perdido (como casi todos los hermanos mayores), y le dijo que solo entraría en el club si conseguía no pensar en osos blancos. Se sentó en un rincón y se quedó ahí durante horas y horas intentando no pensar en un oso blanco. Lo intentaba sin parar y, cuanto más lo intentaba, más osos blancos veía en su cabeza. Menuda pesadilla. Inténtalo tú también y ya verás qué divertido.

La anécdota de Tolstói se usa a menudo en psicología para explicar a la gente cómo de difícil (imposible en realidad) es bloquear un pensamiento o evitar pensar en algo que nos preocupa. Es una paradoja, pues cuanto más nos esforzamos en no pensar en algo, con mayor intensidad lo pensamos.

En realidad, evitar pensar en algo es una receta perfecta para convertirlo en una obsesión y que ese pensamiento se nos pegue como un chicle a la suela de unos zapatos nuevos. Es tarea imposible porque incluso cuando consigas distraerte lo suficiente y dejar de pensar en el dichoso oso blanco, pensarás: «Genial, ya he conseguido dejar de pensar en un oso blanco. Un momento..., estoy pensando en un oso blanco. ¡Jodeeeeeer!». Y si encima le añado algún detalle inusual, como bañar al oso en residuos radiactivos y volverlo verde..., pues más fuerte va a ser la imagen mental. :)

Intenta no pensar en un oso verde, y verás qué dolor de cabeza te da.

Pásame el neuralizador

Un ejemplo perfecto de esto de las obsesiones es cuando tenemos una ruptura. Terminamos nuestra relación amorosa (por la razón que sea) e intentamos pasar página lo antes posible borrando el recuerdo de nuestra expareja de la memoria.

La manera en que digerimos el fin de una relación depende de mogollón de cosas, como el tiempo que estuvimos juntos, las razones de la ruptura, las mil dinámicas de comunicación que tuviéramos, nuestro mundo fuera de la relación y nuestras circunstancias personales en el momento de la ruptura...

Lo más habitual al cortar con alguien es sentirnos mal (o al menos «raros») durante un tiempo, hasta que nos adaptamos a la nueva situación. Da igual que estemos convencidos de que «la culpa fue suya», es dificilísimo quitarnos de la cabeza a alguien que ha sido muy importante en nuestra vida (a veces durante muchos años). Y esos pensamientos pueden ser muuuy perturbadores, como, por ejemplo:

- Lo echo de menos.
- Qué guapa/o era.
- En realidad, no me trataba tan mal.
- Nadie volverá a quererme.
- Ha sido todo culpa mía.
- No volveré a ser feliz.
- No vuelvo a f****r en mi vida.

En situaciones así, muchas veces desearíamos que vinieran los tipos de las pelis de *Men in*

Black, se pusieran las gafas de sol, esas tan guais de agentes secretos, y sacasen el aparatito plateado ese que nos borra los recuerdos con una luz cegadora. Al aparatito lo llamaban «neuralizador». No sé tú, pero yo estaría dispuesto a pagar muchísimo dinero por alquilar uno de esos. Pero la realidad es que cuanto más intentamos no-pensar-en-algo, más-pensamos-en-ese-algo, y casi todos los intentos de borrar un recuerdo van a reforzarlo todavía más.

Imagínate la película: cortas con una persona que ha sido importantísima para ti durante meses o años, y de la noche a la mañana intentas que esos recuerdos desaparezcan sin dejar rastro. Antes desayunabais juntos. Ahora desayunas a solas. Antes había alguien dándote la bienvenida al volver del trabajo. Ahora no hay nadie (si tienes suerte, tu perro). Antes tenías a alguien con quien hacer cosas los findes y festivos. Ahora pasas los findes con tus padres y tu tía. Las cosas han cambiado, aunque no lo parezca al principio, para bien (al menos para una de las dos personas).

Es como cuando en los libros de Harry Potter nadie se atreve a decir «lord Voldemort». Todo el mundo habla de él, pero dicen chorradas como el-que-no-debe-ser-nombrado o quien-tú-sabes para no decir su nombre de manera directa. Sin darse cuenta de que precisamente al hacer esas carambolas por no decir su nombre están dándole mucho más espacio mental. Estoy segurísimo de que la gente del mundo mágico habría vivido con menos miedo al señor oscuro si se hubieran permitido comentar abiertamente lo imbécil que era, o componer canciones sobre lo blanco que tenía el culo.

Los niños y los caramelos están destinados a encontrarse

Un día estaba charlando con unos compañeros psicólogos expertos en conducta alimentaria y me comentaron un experimento muy interesante: cogieron a un grupo de niños y los llevaron a una sala con una mesa con varios platos con Lacasitos de diferentes colores. Un adulto estaba con ellos, y les decía que tenía que salir un momento a hacer una cosa...

A algunos grupos de niños el adulto les dijo que no podían comerse los Lacasitos de color rojo. En otros grupos no dijo nada, simplemente salió un momento de la sala. El resultado fue que en los grupos en los que el adulto había dado la instrucción «no os comáis los Lacasitos rojos», los niños se comieron en general muchísimos más Lacasitos rojos que en los grupos en los que no se dio la prohibición.

Parece un caso anecdótico, pero se han hecho muchísimas versiones de este experimento y casi siempre sale lo mismo: cuanto más énfasis ponemos en una prohibición, más intensamente pensamos en el objeto prohibido.

Esto me lo contaban expertos en conducta alimentaria, como ejemplo de por qué la mayoría de las dietas no funcionan. Ya sabes, cuando alguien quiere bajar de peso y se prohíbe comer dulces o pizza, o solo comer brócolis, etc. La realidad es que las dietas restrictivas (centradas en prohibir ingerir algún tipo de alimento concreto) suelen hacer que nos obsesionemos más todavía con la «fruta prohibida», y multiplican las probabilidades de que suframos un efecto rebote.

Probablemente, un día se nos acabe la «fuerza de voluntad» y nos comamos una bolsa entera de dónuts de una sentada (y esto provocará que después nos sintamos fatal física y emocionalmente: por un lado nos dolerá la tripa y por otro nos sentiremos culpables y débiles por no haber «aguantado»). Por eso ese enfoque con la comida funciona muy pocas veces. Si te apetece comerte una pizza y te lo prohíbes de modo indefinido, tarde o temprano te acabarás comiendo una pizza familiar por pura ansia.

Muchos compañeros que trabajan con personas con problemas de conducta alimentaria hacen hincapié en cambiar la relación con la comida. Que la persona deje de lado esa «mentalidad de dieta», renuncie a poner tantísimo control en lo que come y aprenda a disfrutar de la comida con moderación, pero sin caer en los extremos que le disparan la ansiedad y el descontrol. El de las conductas alimentarias es un tema muy complejo y con el que hay que tener cuidado.

Intenta no pensar en un oso verde y los verás caminando por la calle.

De la sartén a las brasas

Otro libro que disfruté mucho cuando era chaval fue *El hobbit*, del gran maestro Tolkien. Hay un capítulo que se llama, muy acertadamente, «De la sartén a las brasas», y te voy a explicar por qué se llama así y por qué es importante entenderlo.

Bilbo, Gandalf y el resto de la pandilla de enanos iban cruzando las montañas cuando los pilló una tormenta que flipas. Viento, lluvia, truenos; de todo. Y encima había gigantes pegándose y tirándose rocas unos a otros. Decidieron meterse en unas cuevas y cruzar las montañas por debajo, les pareció más seguro. Pues en las cuevas estaban el rey de los trasgos y un ejército entero de bichos feos con cosas afiladas, además del malparido de Gollum.

Casi siempre me acuerdo del libro cuando me encuentro con esto: intentar escapar de algo y terminar en un sitio peor. Eso nos pasa a menudo con la ansiedad. Hacemos todo tipo de acrobacias para distraernos de ciertos problemas y preocupaciones (que en sí mismo no está mal, es natural), pero muchas veces terminamos provocándonos problemas aún mayores sin darnos cuenta.

Por ejemplo, si evito lugares grandes con mucha gente porque me agobian (conciertos, festivales, etc.), tengo más probabilidades de que, si un día no puedo evitar esa situación, me agobie mucho, me sienta abrumado y me termine dando un ataque de pánico.

He trabajado en consulta con personas que tenían miedo a subir en ascensores o bajar al metro, que no se veían capaces de enfrentarse a sus miedos, pero, al final, se encontraron en una situación en la que no tenían elección. Por ejemplo, que tenían que subir a un piso 47, o que se les había estropeado el coche y necesitaban llegar a un sitio en un tiempo razonable y la única manera de conseguirlo era ir en metro.

Al haber evitado durante años esas situaciones, el día que se vieron arrastradas a enfrentarse a ellas se agobiaron tanto que entraron en pánico, montaron un show delante de todo el mundo, pasaron vergüenza y reforzaron todavía más su miedo a los ascensores o al metro.

Por eso hay que tener cuidado con la intuición. A veces, nuestra reacción natural es huir. Y muchas veces será la mejor opción. Pero otras veces no lo es. En ocasiones, es mejor resistir el impulso de huir y quedarnos un rato ahí, sosteniendo el miedo, observando cómo se va calmando (aunque nosotros no sintamos esa calma aún). Quedarnos un rato más sosteniendo el miedo también nos dará la oportunidad de aprender nuevas formas de afrontarlo.

Entonces, aunque una parte de nuestra mente nos diga: «Vete de aquí, no puedes con esto», a veces tendremos que dejar de hacerle caso y quedarnos ahí igualmente. Y, en otra ocasiones, será al contrario; la intuición nos dirá que nos quedemos en un sitio o que sigamos haciendo algo porque estamos muy cómodos con ello o es muy agradable, pero en realidad tenemos que levantarnos e irnos para evitar algún problema o riesgo que no es obvio a primera vista. Es complicado. La vida es complicada se mire por donde se mire.

Abran la puerta, es la policía de la mente

Cuando establecemos una prohibición mental, dedicamos muchos más recursos y atención a ese tema. Imagínate que gestionas un aeropuerto. Tendrás que contratar a muchas personas de seguridad para evitar que la gente cuele cosas raras en el avión (cosas que pinchen, cosas que exploten, etc.). Nunca he gestionado un aeropuerto, pero me imagino que no debe de ser un paseíto por el parque.

Ahora imagínate que gestionas tu mente como si fuese el aeropuerto de Nueva York. Prohibirte tener ciertos pensamientos es como montar un control de seguridad en la puerta de tu consciencia, ir parando a todos los pensamientos e ir diciendo: «Tú pasas, tú no».

Y, ojo, eso es lo que intentamos muchas veces, pero nunca funciona. No podemos «bloquear» ningún pensamiento, al final todos pasan igualmente. Pero, aun así, nos empeñamos en intentarlo, y nos acaba dando una contractura de tanto esforzarnos.

Es como si solo tuvieras una persona para hacer los controles de seguridad en un gran aeropuerto. Al final se le echaría la gente encima y pasarían todos igualmente, como la estampida de ñus que se cargó a Mufasa.

Intentar bloquear tus pensamientos es como intentar tapar una cascada con las manos. Al final te agobias más y termias mojándote mucho.

Imagínate estar alerta con casi cada pensamiento, estar constantemente recordándonos que no deberíamos pensar en esto o aquello, que no deberíamos preocuparnos ni sentir miedo ni nada... Es la policía de la mente, chavales. Qué angustia.

Perseguir el horizonte acaba decepcionando

Te voy a contar una cosa sobre mí: soy un desastre con la ropa. Me refiero a que, cuando como, encuentro mil maneras diferentes de mancharme. Por eso me agobio mucho vistiendo ropa totalmente blanca, no paro de pensar en que va a mancharse a los cinco minutos de ponérmela.

Eso me recuerda mucho a las modas de la espiritualidad *new age*, la mitología oriental, el budismo zen y todo eso. Me he encontrado en consulta con muchísimas personas que querían librarse de ciertos «pensamientos negativos», que querían que les enseñase a dejar de pensar y de preocuparse tanto. No puedo evitar pensar que en realidad me estaban pidiendo que les diera el secreto de la iluminación para convertir la mente en un lienzo en blanco como Buda o algo así.

Hay muchísimas modas bastante poco recomendables en el mundillo de la autoayuda y el desarrollo personal, y una de ellas es la de hincharse a hacer meditación para aislarnos de las preocupaciones. Ojo, no estoy diciendo que hacer *mindfulness* o meditación esté mal. Lo que estoy diciendo es que hay gente que transmite pautas de perfección muy rígidas (tener nuestra mente como una camisa blanca recién lavada), y que muchas personas aprenden a enfocar la vida de manera muy agobiante. Hay personas a las que les va muy bien con la meditación y hay otras a las que les va fatal, y no es culpa suya, sino de las pautas rígidas que les han dado para intentar solucionar su problema.

Me encuentro con mucha gente obsesionada con perseguir la felicidad, buscando estar contentos todo el tiempo, y que cuando sienten cualquier miedo o preocupación se amargan porque alguien les ha transmitido que sentir emociones desagradables o preocuparnos por las cosas es malo, que significa que nos falta autoconocimiento y que deberíamos aspirar a ser personas que no se preocupan nunca por nada, que caminan sobre las aguas y las palomas no les cagan nunca encima... Que agobio vivir así, ¿no? Con la policía de la mente saltando a la mínima, solo la perfección está permitida.

Es como vestir de traje a un niño pequeño, prohibirle jugar y amenazarle con castigarle si se mancha... Eso es una tortura para cualquier niño pequeño. ¿Y si los padres aceptan que lo natural para los niños es jugar y mancharse? ¿Y si aceptan que ensuciarse un poco la ropa no es tan grave? ¿Y si aceptan que el estado natural de un niño pequeño NO es estar limpio como recién salido de la lavadora, sino todo lo contrario? Para eso existen las lavadoras, para lavar la ropa DESPUÉS de que el niño haya cubierto su dosis de juego.

Reñir a un niño pequeño por mancharse es como reñir a un pez por nadar. No podemos exigirle algo tan difícil. Solo demostraría que entendemos muy poco de niños (o de peces). Y muchos padres viven más tranquilos al dejar de intentar luchar contra la naturaleza y aceptan que los niños se manchan, por mucho que lo intenten. Pues claro que puedes (y debes) ayudarles a ser un poquito más ordenados y cuidadosos cada vez. Pero no les pidas que escalen el Everest el primer día. Esa es para mí la idea principal de este libro. Voy a seguir profundizando y explorándola desde diferentes ángulos a lo largo de los próximos capítulos.

2

LO BUENO DE PREOCUPARNOS

La incapacidad de predecir las rarezas implica la incapacidad de predecir el curso de la historia.

NASSIM NICHOLAS TALEB,
El cisne negro

La noche es oscura y alberga horrores

No sé si tú has vivido toda tu vida en el país de la Piruleta, pero allí fuera hay osos, tigres y leones. El mundo puede ser un lugar muy peligroso. Si te vas a dar un paseo por Australia, te darás cuenta rápidamente de que hay un montón de bichos venenosos que quieren matarte y comerte después (o al revés).

Hay mucho gurú que nos dice que tenemos que dejar de preocuparnos, que las preocupaciones son poco inteligentes porque nos hacen sentir mal y luego nada de lo que nos daba miedo se hace realidad. Me he cruzado con psicólogos que soltaban tan tranquilamente que el 99 por ciento de las cosas que nos preocupan nunca ocurren. Eso es el equivalente a llamar imbécil a la gente. Es ir por ahí diciéndole a la gente que lo está pasando mal que es tonta por pasarlo mal. Y mis años de experiencia en terapia me han enseñado que preocuparse no es poco inteligente; es justamente lo contrario. Hay que tener mucha cabeza para preocuparse por cosas que podrían pasar.

Cualquiera saldrá corriendo al ver un tigre suelto. No hace falta ser un genio. Pero hace falta ir un paso más allá para tener miedo del tigre *antes* de verlo directamente, y decidir alejarse de la zona de la selva donde podría haber un tigre. Ves huellas y otros signos, deduces que el riesgo de que haya tigres es moderado y te vas caminando por donde has venido. Un inconsciente pasaría por alto las advertencias de la naturaleza, seguiría adentrándose en el bosque silbando y se llevaría un buen bocado en el culo.

No son gafas de sol; es una venda en los ojos.

Hay gente que va de guay por la vida, diciendo que no se preocupa de nada porque la vida es maravillosa y el universo te da todo lo que necesitas si lo deseas muy fuerte. Cuando alguien dice eso, suele ser porque ha tenido mucha suerte y no le han pasado muchas cosas en la vida. Se creen muy guais, como si llevasen unas gafas de sol molonas (las gafas de la felicidad); pero en realidad llevan una venda en los ojos que no los deja dar pie con bola. Y es cuestión de tiempo que se la peguen y se hagan daño.

Dicen que casi ninguna de nuestras preocupaciones se cumple. Mentira. Sí que se cumplen. Y no sé a ti, pero a mí me han pasado un montón de cosas superdesagradables por sorpresa, sin esperármelas, sin haberme preocupado nunca por ellas. Algunas de ellas me pasaron precisamente porque nunca antes me había preocupado, porque fui sin cuidado y eran desgracias evitables. Los infartos son una de las principales causas de muerte evitables en el mundo occidental. Hay gente que come fatal y hasta parece que está opositando a que le revienten las arterias. Y pone cara de sorpresa el día que le pasa algo y se lo tienen que llevar corriendo al hospital. No se esperaba que le tocara a él, pero le pasó igualmente.

Es cierto que en el otro extremo hay personas con ansiedad que tienden a pensar constantemente que les va a dar un infarto, cuando en realidad están sanísimas. Miedos exagerados que no se hacen realidad. Pero hay muchos otros miedos que sí que se hacen realidad, independientemente de que la persona crea o no en ellos.

Tu ángel de la guarda

No creo en los ángeles de la guarda, pero sí que creo en el poder de la preocupación para salvarnos el culo. La preocupación es un mecanismo natural que nuestros antepasados desarrollaron y que les ayudó a sobrevivir el tiempo suficiente para tener hijos y transmitir esa habilidad a su descendencia.

Imagínate una tribu de nómadas cazadores-recolectores de esos, con sus taparrabos, sus lanzas y sus pies peludos. Mientras viajan buscando comida, se encuentran todo tipo de señales. Igual en ciertas zonas ven huellas que les recuerdan a las de ciertos depredadores muy chungos con los que es mejor no cruzarse. Así que, por la noche, si se alejan de la hoguera para mear en un árbol, van con cuidado, van con alguien y se quedan cerca del grupo. Porque saben que, si uno va sin cuidado, igual se lleva un bocado.

Y sé que este es un ejemplo extremo; estamos en el siglo XXI y los animales salvajes no son ni de lejos la principal preocupación de la mayoría de las personas que pueblan el planeta. Cambia el tigre por el jefe cabrón que se quiere aprovechar de ti y hacerte trabajar mucho más por menos dinero, o por el examen chunguísimo en el que te juegas entrar en la carrera universitaria que te gusta.

Preocuparse es útil, y algunos pensamientos, aunque nos parezcan desagradables o inoportunos, son muy muy muy útiles según el contexto.

No seamos *zenutrios*

Te decía antes que muchos gurús y hasta psicólogos de feria se llenan la boca diciendo que preocuparse es poco inteligente y que vivir una vida tranquila es una elección. La experiencia me dice todo lo contrario. He conocido a personas que, ante diferentes crisis, han podido salvar sus empresas del desastre porque tomaron algunas medidas preventivas. Porque se preocuparon, vieron ciertas señales y decidieron apostar por «si pasa algo raro, que no nos pille con el culo al aire».

Muchas de las personas más competentes y efectivas que me he encontrado en la vida eran justamente las que más se preocupaban. Las que no se conformaban con desear que las cosas salieran bien, sino que dedicaban el tiempo a analizar la realidad, se imaginaban posibles amenazas y preparaban planes de contención por si las moscas.

Meditar está muy guay, pero hay mucha gente que lleva ciertas ideologías al extremo. Es muy dulce decirnos a nosotros mismos que tenemos una vida muy zen, y no preocuparnos de nada. Pero a veces esas personas son las más incompetentes, pasotas e ingenuas. Ojito con la incompetencia *zenutria*.

Si tengo que elegir a alguien para que vigile

mientras el resto de la tribu duerme, no voy a elegir al chaval zen que vive en la parra como si estuviese fumadísimo todo el día. No. Yo voy a elegir al paranoico perdido que duerme con los ojos abiertos y con un cuchillo entre los dientes. Ese hará bien el trabajo de vigilar mientras los demás duermen. Lo agradecerás la noche que se acerque el oso verde.

Por cierto, es la primera vez que escribo un libro, y soy un paranoico de cuidado. No puedo quitarme de la cabeza la idea de que se me borre lo que estoy escribiendo y tener que volver a empezar. Tras cada sesión de escritura, guardo el archivo en la nube, en el ordenador y también me lo envío a mí mismo por e-mail. Llámame loco. Pero qué bien duermo después de hacer eso. Piensa en el oso verde, pregúntale qué hacer y dormirás con más tranquilidad.

Cállate y déjame dormir

Imagínate que eres parte de ese grupo de nómadas, estás durmiendo tranquilamente y el vigía te despierta diciéndote que ha visto un oso verde merodeando cerca. Tú le sueltas que se calle, que es un pesimista y un amargao, y que te deje dormir. Cambias de parecer cuando hueles el aliento del oso verde que está justo detrás de ti.

Mucha gente tiene la tendencia a etiquetar como pesimistas y amargados a aquellos que hablan en voz alta de sus preocupaciones o miedos, o que incluso les advierten de posibles riesgos para los que no están teniendo cuidado. Y lo entiendo. Cuando estamos muy tranquilos disfrutando de las mieles del ambiente zen, no nos gusta que vengan a cortarnos el rollo. Es como cuando le dices a un adolescente que cuidado con los porros, que le van a joder si fuma demasiado. La mayoría se ríen de ti, te mandan a hacer puñetas y siguen fumando petas.

Tendemos a marginar a aquellos que nos dicen cosas incómodas, nos parecen una molestia. Y claro que hay gente exagerada, y no siempre van a tener razón. Pero alejarnos por completo de las preocupaciones por regla general es una estrategia muy poco inteligente.

Nassim Taleb habla en su libro *El cisne negro* de que cuanto menos nos preocupamos por algo, peor es la catástrofe cuando ocurre, porque nos pilla mucho peor preparados. Por ejemplo, algunos ya avisaron de la crisis económica del 2008. La mayoría se rio de ellos y los tachó de locos. Vino la crisis y pilló a casi todo el mundo en pañales, y el golpe fue más duro porque casi todos vivían en la parra.

Lo mismo pasó con el coronavirus. En enero de 2020, yo estaba viendo noticias diciendo nosequé de un virus y pensaba que estaban locos, que menuda chorrada para hacer *clickbait* y llenar titulares y asustar a las abuelas. Luego, el virus llegó y ya sabemos todo lo que pasó.

¿Moraleja? Si te viene alguna preocupación, no la descartes al instante aplicando el mito ese de «el 99 por ciento de las preocupaciones no se cumplen». Dependerá de la situación, pero muchas veces prevenir es mejor que curar, y te puede salvar literalmente el culo (aunque sea incómodo pensar en ello).

Ojo, hay que tener en cuenta que hay preocupaciones y preocupaciones. Las preocupaciones más puñeteras suelen ser aquellas para las cuales no podemos hacer nada para evitar lo que se avecina, solo distraernos o prepararnos para un posible golpe. Ya hablaremos más tarde de esas.

Eres un ratón en una rueda

Si lees cosas orientales o escuchas pódcast de meditación, casi seguro que conoces alguna de esas reflexiones de Buda sobre la eterna insatisfacción. Que somos infelices porque nos pasamos la vida persiguiendo objetivos, escalando montañas para llegar a sitios y después volver a sentirnos insatisfechos y tener que plantearnos otros objetivos de nuevo y así hasta el infinito. Y que el culmen de la existencia era precisamente dejar de desear y salir de esa rueda de eterna insatisfacción.

Es la historia de trabajar mucho para ganar un montón de dinero para comprarte un cochazo y esperar que eso te haga feliz, y aburrirte del coche a las pocas semanas y poner tu foco en comprar un coche más caro todavía, o una casa, o simplemente saber que tienes tantos ceros en la cuenta del banco, o... Y así hasta el infinito.

Otros han traducido ese concepto a la «adaptación hedónica», que suena más guay. Viene a significar que vamos haciendo cosas para buscar el placer, vamos solucionando problemas y dificultades, y precisamente esas soluciones terminan generando nuevos problemas y nuevas necesidades.

Esto me recuerda a esos videojuegos de civilizaciones, rollo *Age of Empires*, hay muchísimos. Al principio tienes un aldeano y lo pones a cortar árboles para sacar leña, a matar animales para conseguir carne, y cuando tienes suficientes recursos produces más aldeanos y más casas. Y según vas obteniendo recursos, el juego NO se hace más fácil, se hace más difícil. Porque al tener muchas casas y aldeanos, tu ciudad es un objetivo más apetitoso para civilizaciones rivales que quieran atacarte y robártelo todo.

Así que además de preocuparte por conseguir

mucha más madera y mucha más carne para alimentar a cada vez más aldeanos, también tienes que construir murallas para proteger tus logros de posibles ataques. Y al empezar a producir soldados, armaduras, catapultas, empiezas a batallar con las civilizaciones vecinas, etc. Cada progreso te va trayendo desafíos y preocupaciones nuevas. Era mucho más fácil tener solo un aldeano paseando y cortando leña. La vida es más simple. Pero también más aburrida. Qué pena me daba el monigote ahí solo en su mundo virtual.

Lo que está claro es que la resolución de problemas trae ventajas, pero también trae más problemas. Y más diversión.

Las preocupaciones mueven el mundo

Las preocupaciones mueven el mundo, colega. Preocuparse por los problemas nos lleva a buscar y encontrar soluciones. Esto mejora nuestra calidad de vida, y además es bastante entretenido. La satisfacción de alcanzar un objetivo nos dura un rato, pero el entretenimiento y la satisfacción de trabajar para conseguirlo es lo que llena la mayor parte de la vida. Las preocupaciones mueven el mundo, porque si nos sentásemos cruzados de piernas y brazos y nos resignásemos a aceptar todo lo que pasa como obra del destino, casi todo perdería su sentido. Preocuparse es útil, y mucho cuidado con quien te insinúe que estás loca por preocuparte o por no aceptar situaciones que pueden explotarte en la cara.

No sé cuál es el sentido de la vida. Pero sospecho que no es como pasarte el último nivel de un videojuego y desbloquear el logro. La gracia de un buen videojuego no es pasárselo, es jugarlo. Tal vez una vida satisfactoria no sea una vida libre de problemas, sino saber que nos vamos apañando más o menos con las cosas que nos lanzan.

This is fine

Me estoy acordando del famoso meme del perro sentado mientras su casa está en llamas y diciendo: «*This is fine*». Me parece una genialidad para representar esa ingenuidad de quitarle importancia a ciertos problemas porque es más cómodo vivir en el autoengaño. Siempre que veo ese meme, me imagino a alguien sentado con las piernas cruzadas y meditando, centrándose en su respiración para distraerse del calorcito de las llamas que se acercan cada vez más. Joder, es un incendio, es el momento para dejar que la ansiedad fluya por tus piernas para sacar a los niños de la habitación y encontrar deprisa la salida de emergencia. No es momento para meditar. Sé que es un ejemplo extremo, pero ayuda a ver más fácilmente ciertos principios.

En psicología hay muchísimos conceptos de moda, sobre todo síndromes de pacotilla que vienen geniales para llenar titulares y hacer *clickbait*. Coger preocupaciones totalmente normales y ponerles nombre de trastorno mental. Me hace especial gracia la «ecoansiedad», que es como llaman a cuando uno tiene ansiedad por pensar en las consecuencias negativas del cambio climático y en lo frustrante que es sentarse a mirar cómo la mayoría de los políticos se quedan de brazos cruzados para que algunos de sus amigos ricos sigan siendo muy ricos.

Conozco a muchos psicólogos que ante casos así solo sabrían decirle a la persona que no se preocupe tanto, que se ponga las gafas de la felicidad y ya está. Ojo, no estoy diciendo que no haya gente que necesite ayuda por preocuparse demasiado por cosas poco probables o responsabilizarse demasiado por problemas que no dependen de ellas. Estoy diciendo que demasiada gente tira por el enfoque de «ponte a meditar y deja de preocuparte, ser zen es muy fácil», y que en muchas ocasiones es poco adecuado y hasta contraproducente.

Decirle a alguien que se preocupa por el cambio climático que es raro o un exagerado es como interpretar el papel del perro en la casa en llamas. Han pasado cosas muy chungas en otras partes del mundo, la evidencia científica es clara al respecto, son preocupaciones totalmente legítimas. No puedes pedirle que elimine esa preocupación de la noche a la mañana. Precisamente gracias a activistas y divulgadores científicos que se toman sus preocupaciones muy en serio conseguimos presionar lo suficiente a gobiernos y empresas para ir haciendo cambios poco a poco. Esos cambios llegan muchísimo más despacio de lo que deberían, pero algo es algo. El mundo no avanza gracias a los incompetentes zen. Es justamente al revés.

Ocúpate para des-pre-ocuparte

Cada caso es un mundo y no se les puede recomendar a todas las personas lo mismo. Pero si me viene a consulta alguien con muchas ecopreocupaciones, es muy probable que le sugiera cosas de este estilo:

- Entiendo que te preocupen esas cosas. No creo que estés loca por preocuparte de algo así. Es más, gracias a personas como tú hemos conseguido algunos avances en lo del cambio climático. Porque se preocuparon y se tomaron en serio las amenazas.

- Vamos a buscar maneras de ayudarte a preocuparte de manera que no te complique demasiado la vida. No te voy a decir que dejes de preocuparte y que todo saldrá bien, porque eso sería muy ingenuo, incluso irrespetuoso, creo yo. Vamos a buscar maneras de ajustarlo.

- Por un lado, pregúntate si estás absorbiendo demasiada información sobre el tema. ¿Tal vez te estés empachando? ¿Tal vez estés mirando demasiada información negativa y eso nubla tu juicio a base de miedo? ¿Y si pruebas a tomarte un descanso de ciertas *newsletters* y portales de noticias, incluso de las redes sociales?

- Acepta que no puedes controlarlo todo. Son problemas globales que, desgraciadamente, no dependen de ti (ojalá, pero no). Quitarnos la corona de espinas del mesías salvador del mundo puede aliviar mucho.

- Mucha gente te va a decir que eres una exagerada y que vivas la vida. Probablemente, sientes frustración cuando no te toman en serio y te tachan de loca o algo así. No te entienden, eres una marciana. Y eso probablemente te frustra. Acéptalo y sigue con lo tuyo.

- Acepta que a las personas de tu alrededor no les importan tus preocupaciones tanto como a ti. Pelearte con ellas para hacerlas cambiar de opinión puede ser divertido de vez en cuando, pero es muy duro si lo haces a diario. Puedes quemarte a ti y a tus amistades. No monopolices las conversaciones, pueden ponerse más a la defensiva al interpretar que los estás adoctrinando. Puede que seas un lobo solitario o una persona de esas visionarias, y no tiene por qué ser malo.

- Cuando tenemos una preocupación muy presente, no es recomendable intentar bloquearla (no pensar en un oso verde), sino todo lo contrario. Implicarnos de alguna manera en la búsqueda de soluciones para ese problema o amenaza que nos preocupa. ¿Te preocupa mucho que entren a robar en casa? Mira por internet y cómprate ventanas de esas de seguridad, cerrojos de los buenos, alarmas de las caras. Eso te dará tranquilidad. Aunque te llamen paranoico. Lo mismo con el cambio climático (o cualquier otro problema que nos afecte a nivel de sociedad): ¿qué te parece si investigas organizaciones que trabajen en esos temas? ¿Y si calmas parte de tu preocupación haciéndote voluntaria en alguna iniciativa? ¿Tienes energía para hacer activismo de algún tipo? Dale caña, pon ahí tus fuerzas. No te quitarás toda la preocupación de encima, pero vivirás con más calma al tener la satisfacción de saber que estás haciendo lo que puedes. Usa tu preocupación para algo productivo y que sea coherente con tus valores.

- Y pensemos formas de equilibrarlo todo más o menos. Que tus preocupaciones te ayuden a sentir que estás contribuyendo con tu granito de arena a cosas que te parecen importantes, pero que a la vez no entren en conflicto con el resto de los ámbitos de tu vida (familia, pareja, jugar al *Age of Empires* con tus colegas, etc.). Hay que tener cuidado con no sobreimplicarnos con nuestras preocupaciones, y poner una sana distancia cuando sea necesario.

Estos *tips* en realidad sirven para muchos tipos de preocupaciones, no solamente para la ecoansiedad.

Hazme un favor, piensa en el oso verde un ratito de vez en cuando.

Calzoncillos de la suerte

Cuando algo nos preocupa mucho, solemos buscar formas de quitarle importancia y tranquilizarnos. Buscamos garantías, cosas que nos hagan sentir seguridad. A veces son cosas muy lógicas, como repasar otra vez la parte más difícil del temario de un examen, volver a mirar que no nos hemos dejado el gas abierto o ir al médico y que nos mire el dolor ese. A veces son cosas menos lógicas y más supersticiosas, como tocar madera, contar las baldosas de la calle en números pares o ponernos los mismos calzoncillos que nos pusimos en aquel examen en el que sacamos un 9,5 sin estudiar.

Cada uno se agarra a lo que puede, y no debemos subestimar el poder del efecto placebo. Aunque sepas que esos calzoncillos no son mágicos y que son lo último que tocaría la Virgen, te sientes bien al ponértelos. Cuando participo en carreras, me gusta ir con la camiseta de mi primera media maratón. No pasa nada si me pongo otra. Pero creo que esa me queda más guay, qué quieres que te diga. Igual me ayuda a aguantar más corriendo. No tengo pruebas, pero tampoco dudas.

El problema con el placebo es que solo nos alivia un ratito, y pocas veces soluciona el verdadero problema. Si me preocupa sufrir mucho en una carrera o no ser capaz de terminarla, tendré que entrenar (sin lesionarme por darle muy duro). Si me preocupa mucho un examen, tendré que estudiar (a la vez que me dejo tiempo suficiente para dormir, descansar, dar algún paseo para despejarme). Más adelante exploraremos lo de no sobreimplicarnos con ciertas preocupaciones.

3

NO PARO DE PENSAR, NO PARO DE PENSAR, NO PARO DE PENSAR

¿Alguna vez has parado de pensar y
se te ha olvidado empezar otra vez?

WINNIE THE POOH

Visitantes molestos

Te contaba en el capítulo anterior que muchas preocupaciones son extremadamente útiles, porque nos ayudan a identificar problemas, posibles amenazas y enfocarnos en la búsqueda de factibles soluciones. Muchas veces, ignorarlas va en contra del más puro instinto de supervivencia (meditar está guay, pero cuidado con convertirte en un *zenutrio*). Intentar dejar de pensar en un oso verde nos podría volver más ansiosos que simplemente dedicarle un poco de atención dentro de lo razonable.

Pero, obviamente, las preocupaciones se nos pueden ir de las manos, eso está claro. Muchísimas personas sufren auténticos infiernos en el día a día porque se ven arrastradas por bucles de pensamientos desagradables y hasta bizarros, y no saben qué hacer para salir de ahí. Todos hemos pasado por ahí: sentarnos a la mesa a estudiar y que perdamos veinte minutos dándole vueltas a aquello que nos dijo esa persona que nos gusta. ¿Le gusto? ¿Había sutiles mensajes ocultos en el tono en el que dijo: «Hasta otro día»? Y también podemos vernos empantanados en auténticas películas de terror mentales, pensando que nos vamos a morir de inmediato si no salimos de un sitio corriendo.

En este capítulo voy a intentar explicar la naturaleza de algunos de los tipos de pensamientos más problemáticos, los que más se nos suelen atragantar, y algunos enfoques que suelen ayudar a convivir con ellos. Pero recuerda: el objetivo NUNCA va a ser eliminar un determinado pensamiento, por mucho que nos moleste. Simplemente, porque eso no depende de nosotros. El oso verde se va cuando le da la gana a él, no a nosotros. Se autoinvita a la fiesta y nos toca darle algo de charla.

Paquetizando la realidad (y perros)

Lo normal en la vida es ir con prisas. Porque la realidad es compleja, y si nos paramos demasiado rato a analizarla, igual nos pegan un bocado. No te hace falta sentarte a esperar que el tigre te muerda, con escuchar su ronroneo bestial a la distancia ya sabes todo lo que necesitas. Cuando vamos con prisas, buscamos atajos para llegar más rápido a donde queríamos llegar. Nuestra mente funciona de forma parecida. La realidad es muy compleja, y analizarla al detalle requiere de tiempo y recursos mentales, los cuales no siempre abundan. Por eso nos ahorramos los análisis sesudos para las raras ocasiones en que podemos permitírnoslo (o nos forzamos a ello).

Nuestra mente va tomando nota de las experiencias pasadas y de nuestros aprendizajes, y así va simplificando la realidad en paquetes. Eso nos ayuda a ahorrar recursos para dedicarlos a otros menesteres más urgentes, como saltar rápidamente a la siguiente tarea o intentar hacer varias cosas a la vez (casi nunca sale bien, qué ilusos somos a veces). Se suelen llamar heurísticos, y son reglas mentales que creamos en función de nuestros aprendizajes. Son intentos de predicción del futuro, y de alguna manera apostamos a que acertaremos la mayoría de las veces (lo cual no suele ocurrir).

Por ejemplo, puedo dar por sentado que el agua moja, y acertaré el cien por cien de las veces. También puedo esperar que los coches paren en el paso de cebra cuando el semáforo se pone en verde para los peatones. Ahí acertaré la mayoría de las veces porque hay un consenso social y legal (normas básicas de tráfico y circulación, todos hemos sido educados en ellas). Pero cruzar la calle sin mirar es una idea malísima, por muy verde que esté el semáforo, porque algunos conductores se distraen o conducen fatal e igual nos atropellan. La predicción «los coches se paran cuando el semáforo de los peatones se pone en verde» no se cumple el cien por cien de las veces. Por eso yo siempre miro a los dos lados antes de cruzar, lo he automatizado y tal vez por eso he vivido lo suficiente como para escribir este libro.

Me estoy acordando de una paciente de terapia que tenía miedo a los perros (llamémosla Teresa). Decidió venir a consulta porque su nueva pareja tenía un perro algo grande. Y no se sentía nada cómoda cuando iban a casa del chaval, porque el perro la ponía tensa. El perro no era agresivo ni nervioso, ni ladraba; era de esos que se quedan tumbados como una alfombra y podríamos confundirlos con un mueble más. Además, reaccionaba muy bien a que lo acariciaran. Un amor de bicho. Pero la cosa es que a Teresa la mordió un perro cuando era pequeña. Estaba jugando con el perro de una prima suya, el animal se agobió y le pegó un bocado en la mano. No fue nada grave, pero el susto la afectó y no volvió a jugar con el perro.

Teresa cogió esa experiencia real (un perro me ha atacado) y simplificó la realidad demasiado (todos los perros son peligrosos, mejor alejarse de ellos). Esa visión de la realidad tenía cierta utilidad, porque si no te acercas jamás a ningún perro, es imposible que te muerdan. Es una lógica perfecta. La lógica de ese atajo mental funcionaba: desde que creía que los perros eran peligrosos, no la atacaba ninguno, porque gracias a esa creencia no se acercaba a los perros.

Pero... al sobresimplificar la realidad así, Teresa se perdía muchas cosas. Se perdía a la gran mayoría de los perros, que son puro amor y risas. También dejaba de disfrutar cuando había gente con perros alrededor. Y ahora se perdía la experiencia de sentirse cómoda en casa de ese chico que estaba conociendo y que le estaba gustando.

Vamos a ver ahora algunos tipos de «heurísticos» o atajos mentales que pueden estorbarnos al interactuar con la realidad.

La real Universidad de mis Santos C*jones

El atajo mental más frecuente es la «generalización». Cogemos una sola experiencia y la generalizamos al resto de los casos. Los ejemplos más frecuentes se ven al etiquetar a las personas. Conclusiones sexistas como «es que todos los hombres sois iguales» o «es que todas las mujeres son unas traidoras» porque has tenido un par de malas experiencias con Fulanito o Menganita. O el racismo. No creo que haga falta profundizar más en esto.

No soy ningún experto en investigación científica, pero cualquiera entiende que no se pueden sacar muchas conclusiones de un estudio con una muestra de una sola persona. El famoso «amimefuncionalomismo». Esto se ve mucho en el mundillo de las medicinas alternativas. Una persona que sufría un cáncer se recupera, y como en esa época estuvo probando mezclas raras de hierbas, deduce que eso es lo que la ha curado. La vida es compleja, y hay un montón de factores diferentes que actuaron en conjunto para que su cuerpo superara el cáncer. Pero la persona lo ignora todo y se centra en las hierbas, la emociona la idea de tener control sobre un problemón complicado como es el cáncer. Salta a la conclusión de que esa mezcla de hierbas cura uno de los problemas médicos más complejos de todos, y se monta un negocio haciendo osadísimas afirmaciones y promesas de éxito y curación a cualquier persona que le compre la pócima. Si le preguntas si tiene pruebas de que su remedio casero funciona, probablemente te conteste con un arrogante: «Pues en mi experiencia personal, sí funciona». Vamos, que lo certifica la Universidad de sus Santos C*jones. No dudo de que el tipo tenga buenas intenciones, pero de cómo curar enfermedades graves no tiene ni idea, y es peligrosísimo porque confunde a la gente, y algunas personas hasta podrían abandonar un tratamiento de verdad (con eficacia demostrada) por confiar en los remedios caseros del tipo ese.

Esto también se aplica a situaciones cotidianas. He trabajado con muchas personas que tenían problemas de ansiedad, y que habían empeorado sus problemas por abusar del atajo de la generalización. Por ejemplo, personas que han sufrido un ataque de pánico mientras iban en metro al trabajo (un lunes tempranito) sacan la conclusión de que ir en metro les causa pánico y que mejor no volver.

¿Qué hacer para evitar abusar de la generalización? No puedo ofrecerte ningún truco mágico para darte cuenta siempre de que te equivocas. La realidad es compleja, hay que mirar cada caso y situación por separado. Teniendo eso en cuenta, es sano aplicar el autoescepticismo y preguntarnos de vez en cuando: ¿tengo pruebas de que eso siempre es así? ¿Seguro que todas mis experiencias apoyan esa conclusión? ¿Les ha pasado a otras personas que yo conozca? ¿Qué opinan los expertos?

Y, por supuesto, aplica un sano escepticismo también a todo lo que yo diga en este libro. Voy compartiendo anécdotas y ocurrencias, conclusiones más o menos sesgadas. Este no es un libro de autoayuda, no pretendo solucionar los problemas de nadie, simplemente transmitir una serie de ideas que creo que pueden ser valiosas para sufrir un poco menos con nuestras neuras. Al final, si crees que alguna de tus preocupaciones se te está yendo de las manos, te aconsejo consultar tu caso concreto con profesionales de la salud mental. ¡Así que cuidado con generalizar, incluyendo las cosas que yo cuento!

Informativos de ciencia ficción

Conozco a gente a la que le encanta disfrazarse. No lo hacen solo en carnaval o *jálogüiiin*, cualquier celebración les sirve. Sé de alguien que hizo un trajecito de tigre a medida... ¡para su gato! Un gatito vestido de tigre. Es la cosa más gloriosa del mundo. Pues algo parecido hacemos con algunos de nuestros pensamientos. Cogemos un problema pequeño o moderado y lo miramos como si fuese Godzilla. Sobrerreaccionamos ante algo que al final no es tan amenazante. Hemos disfrazado a nuestro gato de tigre y hemos salido corriendo.

Como decía en el capítulo anterior, me parece erróneo categorizar así todas las preocupaciones. Es cierto que a veces exageramos nuestros miedos, pero muchos hay que tomárselos en serio (o, al menos, no ridiculizar a la persona por tener más miedo que nosotros por algo concreto). Ensanchar los miedos en nuestra mente tiene sentido: es la lógica de «mejor pasarse que quedarse corto». Reaccionamos excesivamente ante un riesgo leve «por si acaso». Y mantenemos esas creencias porque nos parecieron útiles hasta cierto punto. El problema viene cuando las hacemos muy rígidas.

Aquí hay sobre todo dos variantes principales. Podemos coger un problema pequeño y tratarlo como si fuese enorme (catastrofización). O podemos coger un evento relativamente poco probable o casi imposible y tratarlo como si ocurriese casi todos los días. Esto es el sesgo de disponibilidad. Los casinos y las casas de apuestas llevan años usando ese sesgo para ganar más dinero y enganchar más a la gente. En los anuncios de apuestas nunca verás a alguien sintiéndose idiota porque ha perdido cincuenta euros. Siempre verás a gente saltando y celebrando porque ha ganado. La publicidad de las casas de apuestas está diseñada para hacerte creer que ganar es un fenómeno mucho más probable de lo que es (en realidad pasa poquísimo; la gente que entiende de probabilidades no se gasta un euro en la lotería).

Lo de la catastrofización y el sesgo de disponibilidad se ven fácilmente en las personas que tienen miedo a volar en avión. Cuando hay turbulencias y el avión se mueve un poco (o mucho), les cuesta quitarse de la cabeza el pensamiento de que «nos vamos a estrellar». Por un lado, exageramos lo que está ocurriendo, en el sentido de que las turbulencias son algo muy frecuente cuando vamos en avión, es algo rutinario. Es normal que haga viento ahí arriba. En la grandísima mayoría de los casos, no supone ninguna amenaza. Nos indican que nos abrochemos el cinturón de seguridad por si acaso se menea un poco de repente, pero en la mayoría de los casos la tripulación sigue dando vueltas con el carrito vendiendo bebidas y tal. Con total normalidad. Por otro lado, exageramos la probabilidad de tener un accidente aéreo. Mirando las estadísticas, ir en avión es más seguro que ir en bici por tu ciudad. Tienes muchas menos probabilidades de pegarte una hostia. Hay muuuuuuy pocos accidentes aéreos; son rarísimos.

Los atentados terroristas del 11 de septiembre de 2001 traumatizaron a varias generaciones. A mí me dejaron marcado y con mucho miedo a los aviones durante años. Una desgracia que parecía de ciencia ficción nos provocó un miedo intensísimo a todos. Y como nos cuesta olvidar los eventos emocionalmente intensos, tendemos a darles mayor importancia y creemos que se darán con mayor probabilidad. Los pocos accidentes aéreos que ocurren siempre salen en las noticias, precisamente porque son una rareza. Las cosas normales casi nunca son noticia, porque eso es aburrido y de esa manera no captarían la atención de la gente. Y esa atención la necesitan para así poder meterles en vena los anuncios de quienes patrocinan las noticias, que son, ni más ni menos, aquellos que tienen dinero y manejan el cotarro.

Cuanto más habitual es algo, menos probable es que salga en las noticias. Pero solemos entenderlo justo al revés, nos da la impresión de que son cosas mucho más probables que describen la realidad con precisión. Y no es así. Por eso, cuando nos vemos abrumados por ciertos temas mediáticos, es saludable limitar el tiempo que pasamos leyendo noticias o conectándonos a las redes sociales, porque suelen sobrealimentar miedos que ya son bastante grandes. Por ejemplo, durante la pandemia de 2020, la mayoría de los medios de comunicación hicieron un trabajo espantoso, causando más desinformación y confusión que otra cosa, y a mucha gente se le fue la olla. Así que te aconsejo que siempre te acerques a los medios de comunicación con cuidado.

Master of puppets

A veces nos tomamos las cosas muy a lo personal. Me refiero a que nos atribuimos mucha más responsabilidad sobre las cosas de la que tenemos en realidad. Desde niño siempre disfruté las movidas de superhéroes, especialmente las de Spiderman. Le cogí cariño porque no me parecía tan soso como Superman. El hombre araña en realidad es Peter Parker, un chaval joven que intenta lidiar con sus preocupaciones del día a día, a la vez que procura hacer malabares con su *side job* de policía en mallas.

Spiderman me molaba porque sus historias le

mostraban vulnerable, sufría mucho por intentar contentar a todo el mundo y llegar a todas partes con sus telarañas. Se sentía culpable a menudo por no ser capaz de ayudar a todos. Y por querer estar siempre disponible y ayudar a cada persona, terminaba descuidando su vida personal, lo que acababa haciéndole sentir miserable tarde o temprano.

Spiderman se creía el *master of puppets* de la ciudad. Entendía que era responsabilidad suya ayudar a todo el mundo, perseguir a todos los criminales y atracadores, salvar a todas las chicas guapas que se quedaban colgadas de cornisas, etc. En su cabeza, él tenía que controlarlo todo. Todo debía entrar en su tela de araña. Si no salvaba a todo el mundo, se sentía una mierda. Y si intentaba ayudar a todo el mundo, desatendía su vida personal y tenía follón con su pareja.

Lo de sobreimplicarse en los problemas de los demás es un drama común para los superhéroes, meterse mucho en los problemas de otras personas aunque no les hayan pedido ayuda (y muchas veces causando más destrozos que si no hubieran hecho nada). Oye, ¿y si dejas que la gente espabile un poco? Igual por ayudar tanto estás jodiendo a la gente. Porque si Spiderman está siempre disponible para encargarse de los criminales, no hace falta aumentar el presupuesto para cuerpos de seguridad. Así que, a largo plazo, la ciudad termina dependiendo cada vez más de la caridad de algún mutante con buenas intenciones. Si ves un robo mientras ibas a por pizza, ayuda, claro, pero deja que el gobierno espabile y vive tu vida, que la seguridad ciudadana es cosa suya.

Es un poco como lo que te contaba antes sobre sufrir por el cambio climático. Podemos sufrir mucho por intentar responsabilizarnos demasiado por cosas que no dependen directamente de nosotros. Poner sobre tus hombros el peso de los errores de los gobiernos y las multinacionales es una forma garantizada de darte dolor de espalda y alguna contractura. Se puede contribuir (de hecho, debemos), pero también podemos buscar formas de aportar sin amargarnos demasiado la vida en el proceso.

Puede ser útil recordarnos más a menudo que

ciertas preocupaciones no dependen tanto de nosotros, y que no es tan urgente que encontremos una respuesta rápida. Implicarnos un poco menos. Y sé que esto a veces es jodido, porque si no nos implicamos mucho con algo que consideramos importante, a veces se enciende una vocecita en nuestra cabeza diciéndonos que somos malas personas y parte del problema. Y que para mantener nuestra autoestima tenemos que darlo todo todo todo al máximo siempre (y eso, tarde o temprano, quema).

¿Y si...?

Antes te hablaba de cómo a veces exageramos la probabilidad de que algo malo ocurra. Y ante una situación relativamente simple, podemos buscarle tres pies al gato.

A veces podemos pasarnos de *zenutrios* y relajarnos demasiado ante una situación con riesgos razonables. Por ejemplo, coger el coche después de unas cervezas es una idea de mierda. Que nunca hayas tenido un accidente de coche no significa que no vayas a tener un susto esta noche. Mejor no apostar, pilla un taxi o espérate un rato antes de ponerte al volante. La multa no es lo peor que podría pasarte.

Otras veces, podemos imaginarnos un millón de escenarios posibles para cada situación. Hagamos un experimento. Enciende tu máquina de «lluvia de ideas mental» y piensa en cosas que podrían pasarte al ir por primera vez a Tailandia. Va en serio, deja de leer, tómate un minuto para generar ideas. Deja volar tu imaginación.

Bien. Seguro que te ha salido de todo. Dependiendo de tus experiencias previas y del humor en que te pille hoy, es probable que hayas tirado más hacia cosas agradables o hacia cosas chungas. Un colega hizo el ejercicio y le salieron cosas como estas:

- Que me atropelle alguna moto, que van rapidísimo y el tráfico es muy caótico.
- Pillar una infección, alguna cosa rara para la que no estuviera vacunado y que me pase

varios días encerrado en un hotel o tenga que volver pronto a casa.

- Que me pise un elefante o me ataque algún animal salvaje o rabioso.
- Que me roben el pasaporte, el móvil y las tarjetas de crédito y me quede completamente jodido.
- Que me secuestren y pidan un rescate a mi familia.

Después charlé con mi colega sobre por qué creía que esas eran las primeras ideas que le habían venido a la cabeza, cómo de probables creía que eran en realidad, si recordaba haber visto noticias relacionadas, si conocía a alguien que hubiera tenido una mala experiencia o algún drama al viajar a Tailandia, etc. Fue una conversación muuuy interesante sobre cómo de sesgada está nuestra visión de las cosas y qué factores externos (noticias, lo que nos cuentan otras personas) e internos (las películas que nos montamos) influyen en nosotros.

Todos experimentamos momentos en que la

máquina de ideas que tenemos en la cabeza se pone a potencia máxima y nos vemos abrumados por pensamientos del tipo «pero ¿y si...?», imaginándonos muchísimos escenarios posibles e intentando prepararnos para todos y cada uno de ellos. O peor, sufrir la manida «parálisis por análisis» y terminar no haciendo nada productivo por sobrecalentarnos el coco (terminar por no reservar los vuelos a Tailandia y perdernos la aventura).

Pero ¿qué pensamientos «¿y si...?» son exagerados y cuáles son útiles? Pues, como en todo, depende. Una sana dosis de escepticismo hacia nuestros pensamientos ayuda. El recordarnos que nuestros pensamientos no siempre representan la realidad, sino que tenemos un gran poder de imaginación.

Y como decía el tío de Spiderman: «Un gran poder conlleva una gran responsabilidad». Dedicar un ratito a escuchar esos pensamientos, preguntarnos hasta qué punto son razonables, qué medidas preventivas podemos sacar, y preparar un plan para el caso de que ocurran ciertas eventualidades.

Por ejemplo, si te vas de viaje lejos, es buena idea pillarte un buen seguro de viaje, ya que nunca se sabe. Al menos, si te haces daño o te pones mal, todo irá más rápido. Evitar meterte en zonas raras, investigar un poco dónde nos metemos, tener los documentos y cosas importantes siempre a la vista. Cuidarnos hasta donde llegue lo razonable. Con eso y un poquito de suerte, hay muchas probabilidades de que el viaje salga genial y volvamos a casa con una de las experiencias más guais de nuestra vida.

¿Duelo mental?

Aprender a entender nuestras preocupaciones es importante y, como explicaba antes, detectar las incongruencias de los pensamientos problemáticos es clave. Te contaba que poner en duda nuestros pensamientos es algo inteligente, pues no siempre representan la realidad. Puedes empezar a entender los pensamientos como una serie de hipótesis y propuestas para comprender la realidad, tu mente te las va mandando para que tú vayas filtrando. Son sugerencias. Es como abrir el menú de un restaurante. No tienes que pedírtelo todo, pedazo de animal (por muy apetecible que te parezca toda la carta).

Los pensamientos no son las noticias o el telediario, no te cuentan lo que ha pasado de verdad (aunque hay muchos medios de comunicación que son más expertos en la ciencia ficción y la fantasía que en periodismo, y así va el mundo). Por eso, debemos poner en duda algunos de nuestros pensamientos. Debemos preguntarnos de vez en cuando si tenemos pruebas o evidencias de que eso es así, revisar nuestras experiencias pasadas, preguntarnos si no serán exageraciones o generalizaciones, y hasta qué punto esa explicación de la realidad nos ayuda con lo que estamos haciendo.

Todas esas son buenas reflexiones, pero tampoco debemos dejarnos tragar por ellas, porque el exceso de debates y discusiones mentales también puede causarnos mucha angustia y atascarnos en la duda (parálisis por análisis). ¿Dónde está la línea? Consulta tu caso con un especialista, porque esto varía mucho en cada situación. Hay veces en que debatir con nuestros pensamientos es útil para entenderlos y quitarles fuerza, y otras es mejor concentrarnos en HACER otra cosa. Depende.

Soy un pedazo de cabrón, ¿verdad? Lanzo muchas preguntas, pocas respuestas e infinitos «depende». Menuda fauna, los psicólogos.

Por ejemplo, hay casos de personas deprimidas en que mandarles como tarea para casa «escribe todos tus pensamientos angustiosos» puede ser contraproducente de cojones, porque el problema de la persona es que ya se está centrando muchísimo en mogollón de ideas desesperanzadoras. Igual se satura, se obsesiona aún más y empeora el problema.

Por eso, muchos compañeros le pondrían de tareas pensar, observar, escribir sobre cosas buenas que les pasen o que hayan hecho ese día. Para que la persona vaya practicando el poner su foco mental en otro sitio en su día a día. Los bucles de pensamientos depresivos diabólicos se irán desenredando en las sesiones de terapia poco a poco y con cuidado, pero una parte muy importante del tratamiento probablemente pase por ayudar a la persona a reconstruir y a hacer más cosas que la ayuden a disfrutar un poco más en el día a día (o a sufrir un poco menos).

Eres un perro

Esta metáfora que te voy a contar se usa a menudo para explicar temas de meditación, y me parece especialmente acertada para entender la naturaleza de muchos pensamientos. Imagínate que eres un perro y que estás sentado en la calle observando los coches que van pasando por ella. A ese perrete a veces se le va la olla y se pone a perseguir alguno de los coches. Le habrá llamado la atención por algo, y se implica en perseguirlo a saco. El peligro de que un perro se ponga a perseguir un coche es que le atropellen. Otra posibilidad sería que el perro se quedase sentado observando los coches pasar. Algunos le parecerían más o menos interesantes, pero se quedaría en su sitio, sin dejarse arrastrar por el deseo de perseguirlos (no me pidas que estire esto mucho, que no soy experto en psicología canina).

Nuestros pensamientos son un poco como esos coches que van pasando. No podemos evitar que aparezcan o pasen por delante de nosotros (son automáticos, vienen cuando les da la gana). Lo que sí que podemos hacer es observarlos, prestarles un poco de atención y decidir si queremos implicarnos más con ellos o no. ¿Quiero perseguir ese coche en este momento? Esto no es «bloquear» o «eliminar» el pensamiento inoportuno, sino validarlo y aprender a dejarlo irse a su ritmo mientras seguimos con lo nuestro. Muchas veces habrá temas urgentes que, aunque angustiosos, requerirán nuestra atención inmediata, nos guste o no.

Charlar un poco con el pensamiento, preguntarnos a nosotros mismos cómo nos hace sentir, puede ser el primer paso para cambiar nuestra relación con esa preocupación y aprender a convivir con ella. Por eso a algunas personas les puede ir bien empezar a practicar meditación (pero no a todas; NO es una panacea que resuelva todos los problemas psicológicos, aunque puede ser un buen apoyo en casos concretos).

No se me levanta

La disfunción eréctil es probablemente uno de los mayores miedos que cualquier persona con pilila puede tener a lo largo de su vida. Se imaginan a sí mismos con alguien en la cama, todo apunto y, de repente..., que no se les ponga dura en el momento oportuno. O que se les quede flácida a mitad de la carrera. Más de uno tendrá sudores fríos leyendo esto.

A veces puede haber causas biológicas (el tabaco y el alcohol son lo peor para tener una vida sexual sana y satisfactoria, su consumo aumenta muchísimo el riesgo de no poder tener una erección porque afecta al sistema circulatorio). Pero en la gran mayoría de los casos, las causas son más psicológicas que otra cosa. Es más, es probable que alguien leyéndome tenga un sustito esta noche (profecía autocumplida, ja, ja, ja).

Lo curioso es cómo muchos hombres intentan quitarse de la cabeza el miedo de que no se les levante cuando lo necesitan, y no se dan cuenta de que es eso mismo lo que hace que se pongan nerviosos y pierdan la erección.

Lo más angustioso para muchos hombres con disfunción eréctil es la anticipación. Igual ya les ha pasado alguna vez, y ya viven con miedo de que la próxima vez que a su pareja le apetezca no se les vuelva a levantar. Piensan que eso será un fracaso y una absoluta vergüenza (y eso mismo hace que se pongan nerviosos y el soldado no se ponga firme; profecía autocumplida a saco).

Hay muchas creencias problemáticas aquí, pero solo voy a comentar un par. Por un lado, mucha gente aún piensa que el acto sexual solo se puede disfrutar si consiste en un 99 por ciento de mete-saca-mete-saca, y que si uno no tiene una pilila grande, dura y venosa como un bicho de las películas de *Alien*, no puede hacer nada. Otro problema suele ser el exceso de atención que algunos ponen en «impresionar» a la otra persona, en demostrar, en rendir muy bien como en las pelis porno, y se olvidan del propio disfrute (o se piensan que solo pueden disfrutar del sexo con un mete-saca tradicional).

Y es que eso, desgraciadamente, no es como el mando del aire acondicionado, que se enciende cuando a ti te dé la gana. Debes darle razones para encenderse. Muchas personas no entienden que primero tienen que centrarse en juegos preliminares, tocamientos, caricias, hacer cosas con la boca, ya me entiendes. Es en el momento en que dejan de obsesionarse con lo dura que la tienen cuando empiezan a disfrutar de las infinitas posibilidades del sexo. Lo más curioso es que, cuando la persona aprende a centrarse en dar placer de otras formas (y pedir que le hagan cosas), la pilila se le acaba levantando de manera natural.

Es como el estereotipo de la persona que tartamudea de vez en cuando; cuanto más intenta dejar de tartamudear, más tartamudea; pero cuando se distrae con otra cosa, empieza a tartamudear muchísimo menos sin darse cuenta.

¿Cuál es la clave aquí? ¿Dejar de pensar en aquello que nos preocupa? Ojalá fuese tan fácil. En muchos casos, la clave puede ser empezar a actuar como si eso que nos pasa no fuese tan grave: «Pues no se me ha levantado y ha sido un momento incómodo y me ha dado algo de vergüenza, pero voy a centrarme en gozar (y en hacer gozar) de las otras mil maneras que hay, y lo vamos a pasar bien incluso si no se me levanta».

¿Pillas la diferencia? Aceptar que algo está pasando, dejar de pelearnos con ello, explorar otras posibilidades y centrarnos en disfrutar lo que hay (creo que el sentido del sexo es que las dos personas lo pasen bien, y el medio ya depende de cada relación, ¿estás de acuerdo?). Cuando la erección se convierte en algo secundario, termina apareciendo la muy puñetera. ;)

Curiosamente, cuando se centran en los preliminares, las caricias o el sexo oral, no tienen problemas de erección precisamente porque no están pendientes de ello ni de «dejar de pensar en el oso verde».

Diecisiete minutos

Te propongo un ejercicio sencillo. Si notas que te has estado comiendo mucho el coco con algún tema en especial, deja de evitarlo y dedícale un ratito. Escribir sobre ello ayuda. Ponte una alarma para dentro de diecisiete minutos. Escribe sobre aquello que te preocupa, desde todos los ángulos que se te ocurran. Cuando suene la alarma, para de escribir.

Si haces esto a menudo, lo más probable es que aquello que te preocupaba tanto parezca un poquito más manejable. Es bastante probable que, al darle vueltas al tema, sientas un poco más de alivio al pensar en ello. Puede que hasta se te haya ocurrido alguna posible solución para el problema, algo que no has intentado hacer todavía, pero que sospechas que podría ayudar, solo te falta ponerlo en práctica.

También es probable que después de tanto rato dándole vueltas a algo, te empiece a aburrir (en lugar de asustarte). Recuerda, el objetivo nunca es eliminar algo de la mente, sino hacerlo más manejable. Es la magia de dedicar un poco de espacio mental a las cosas que nos quitan el sueño, en lugar de esforzarnos en dejar-de-pensar. Aceptar que lo que estábamos intentando no nos estaba ayudando tanto como pensábamos al principio, e intentar algo diferente (a veces incluso completamente opuesto).

4

EL IMPERIO DEL JOKER

La vida buena no es igualmente accesible para todos. La pertenencia de clase, el género, el color de la piel, la raza, la nacionalidad y la casta generan disparidades, desigualdades de estatus y de poder que influyen de forma significativa en el bienestar individual.

Estas diferencias estructurales influyen de manera dramática e importante en el acceso a la salud, en la trayectoria educativa y profesional, en el tratamiento de los casos individuales por el sistema judicial, en las condiciones de la vida cotidiana, en el futuro de los hijos y hasta en las tasas de mortalidad. ¿Qué realización personal cabe esperar si no se dan las condiciones mínimas que puedan favorecerla?

Hacer creer que unos ejercicios de autoayuda bastan para remediar la ausencia de transformación social no es solo una visión cortoplacista, sino también repugnante desde el punto de vista moral.

EDGAR CABANAS
Y EVA ILLOUZ,
*Happycracia: Cómo la ciencia
y la industria de la felicidad
controlan nuestras vidas*

Enterrando las emociones «negativas»

Mira, hay muchos compañeros que hablan de dos tipos de emociones. Las emociones positivas y las negativas. Cuando hablan de las positivas, se refieren a la alegría y a todos sus derivados. Cuando hablan de las negativas, se refieren a prácticamente todas las demás. El miedo, el enfado, la tristeza, la culpa, etc. Las que no molan.

Yo no estoy nada de acuerdo con eso. Creo que, cuando se etiquetan las emociones como positivas o negativas, se simplifica demasiado la realidad y se confunde a la gente. Se deja implícito que solo sentir alegría es bueno, y que todo lo demás estorba, que hay que buscar formas de no sentir cosas desagradables. Que uno solo está bien si sonríe y todo le va genial y solo ve las cosas buenas de la vida y vive como si fuera hasta arriba de éxtasis todo el día. Y que, si se siente algo jodido por algo que le ha pasado, haga algo rápido por dejar de sentirlo, porque está mal.

Pues mira, no. La tristeza, el enfado, el miedo o la culpa también tienen su función en la vida, y no siempre van a ser «negativas». Depende de lo intensas que sean y de la situación. Cuando alguien siente algo que nos parezca desagradable, no siempre hay que correr a hacer que deje de sentirlo.

A lo largo de los próximos capítulos profundizaré en el valor de las mal llamadas emociones «negativas». Pero en este capítulo me voy a dedicar a echar mierda sobre algunas de las ideas más extendidas sobre la felicidad.

Un perro persiguiéndose la cola

Perseguir la felicidad es como correr persiguiendo el horizonte. No vas a llegar, por mucho que corras. Además, hay muchísimas definiciones de la felicidad, casi tantas como personas. Al final, muchísima gente se obsesiona con el objeto brillante, con las sonrisas falsas y las mansiones de alquiler de los *influencers* y famosillos en internet. Y cuando vemos que a otras personas parece irles obscenamente bien, lo más habitual es que nos sintamos como una auténtica mierda.

La felicidad es una palabra maltratada y prostituida a lo largo de las décadas. Se gana muchísimo dinero con esa palabra, porque la mayoría de las veces se utiliza como reclamo absoluto para vender alguna solución barata para resolver todos los problemas de la vida.

Pero te voy a decir una cosa: cuanto más perseguimos la felicidad, más nos alejamos de ella. Porque la felicidad es un objetivo malísimo. Es la cosa más abstracta del mundo; es como la arena que se desliza a través de los dedos; es como el espejismo del oasis que hace que el caminante sediento se pierda más profundamente en el desierto. La felicidad es un concepto borroso con el que se obsesiona muchísima gente. Y cuando nos preguntamos si somos felices, lo más probable es que nuestra mente se vaya rápidamente a las cosas que menos nos gustan de nuestra vida, que concluyamos que no somos felices, y que subamos un selfi con una sonrisa falsa a las redes sociales para intentar convencernos de que sí que somos felices.

Demasiada gente cree que alcanzar la felicidad es como pasarse un videojuego, y que entonces uno se queda así, feliz, que algo ha hecho clic en su cerebro y se ha alineado los chakras y las estrellas y ya es un iluminado. Perseguir la felicidad como la alegría y la satisfacción constantes con la vida es una receta perfecta para amargarnos y sentirnos todavía más desdichados.

La respuesta no está dentro de ti

Otro de los clichés más extendidos es que la felicidad depende de ti, y que las respuestas siempre están en tu interior. El mito de la profundidad es el perfecto reclamo del mundillo del desarrollo personal. Siempre pueden decirte que, si no estás satisfecha con la vida, busques la respuesta dentro.

Vuelve a revivir por enésima vez los recuerdos de tu infancia, con la esperanza de encontrar algún detalle al que puedas culpar de tus problemas del presente. Sigue removiendo la mierda, igual encuentras algo valioso, como aquel anillo que perdiste. Bucea, busca traumas, desbloquea tu subconsciente, ahí está la llave de tu felicidad (dicen).

Esa esotérica ilusión de complejidad que pone el origen de todos tus problemas en ti les viene muy bien a los de arriba. Si pones toda la atención en ti, la quitarás de otros factores. Si te hinchas a meditar para conectar con el maldito niño interior, no te quedará tiempo para protestar contra las injusticias del sistema. No te quejarás cuando tus jefes sean unos tiranos y te expriman hasta el límite, ni tampoco cuando los del gobierno hagan un mal trabajo o cometan injusticias o roben.

La gran mayoría de los problemas tienen que ver con el contexto en el que vivimos, con nuestras circunstancias. Las respuestas a la mayoría de nuestros problemas como sociedad no están dentro de nosotros..., están fuera de nosotros. Porque cuando convives con una pareja que te maltrata, unos padres que no te respetan, un jefe que se aprovecha de ti o un gobierno que defiende más a las multinacionales que a sus ciudadanos, da igual cuánto yoga y *mindfulness* hagas.

Por eso la idea más popularizada de la felicidad está tan podrida, porque pone todo el foco dentro de nosotros. Eso implica que nuestra infelicidad es también responsabilidad nuestra. Que si no somos felices, es culpa nuestra.

Vuelvo a citar al tío de Spiderman: «Un gran poder conlleva una gran responsabilidad». Si queremos vivir mejor, debemos mirar más fuera de nosotros, y no tanto dentro. Menos introspección, más protestas. La verdad está ahí fuera, como decían Mulder y Scully en *Expediente X*.

Batman ha muerto

Batman ha muerto, el Joker consiguió cargárselo. Ahora ha levantado un imperio, y sus súbditos silencian sus llantos con risas maníacas. En el imperio del Joker está prohibido llorar si no es de risa. Está prohibido tener un mal día, está prohibido contestar a «¿Qué tal?» con otra cosa que no sea «Bien ¿y tú?». En el imperio del Joker hay policía de la felicidad. Son sus esbirros con la cara pintada de payaso, y te pegan una paliza si no tienes una sonrisa de oreja a oreja (y se parten el culo mientras lo hacen, por supuesto).

La constante propaganda ha conseguido fanatizar a la población, y ahora cada ciudadano se encarga de vigilar su propia mente. La gente se ha vuelto hipervigilante ante sus propios pensamientos. Cada vez que sienten alguna preocupación, frustración, miedo o tristeza, se dicen a sí mismos que no deberían estar sintiendo eso. Paradójicamente, intentar reprimir las emociones «negativas» hace que duelan cada vez más, hasta que uno explota. Es como cuando tienes que cagar y te aguantas hasta que no puedes más. La caca tiene que salir, por muy mal que les huela a otros (vaya mierda de metáfora, lo sé).

Calla y come

Mira, el miedo es una emoción genial, porque la mayoría de las veces nos ayuda a tomarnos en serio un posible peligro y a tomar precauciones, o a prepararnos en caso de que pase.

El enfado es la hostia. Surge para defendernos contra situaciones que percibimos como abusivas o injustas. Un enfado expresado con cabeza y con calma motiva cambios sociales y crea una sociedad más justa.

La tristeza bien digerida nos ayuda a procesar una pérdida y a adaptarnos mejor a una nueva realidad. También despierta la empatía de las demás personas, y en muchos casos une más a los miembros de la tribu.

En el imperio de la felicidad, todos somos más vulnerables y manipulables. No nos defendemos ante las injusticias, vivimos de forma pasiva esperando que quienes están en el poder se encarguen de todo. Confianza ciega, porque está prohibido quejarse. ¿No te gusta cómo funcionan las cosas en la empresa? Cállate la puta boca y ponte a meditar; no eres feliz porque no quieres.

Arriba las manos, soy tu Chief Happiness Officer

El Joker también tiene esbirros dentro de las empresas. Son payasos de su más absoluta confianza, entrenados para hacer cumplir su voluntad y maligna visión del mundo. Esa gente se supone que debería velar por la satisfacción del resto de los empleados. En realidad, les da bastante igual, lo que quieren es tener contentos a los jefes. Cuando les cuentas un problema, te sueltan algún cliché de coaching barato y que te apañes con tus propios problemas. Probablemente te inviten a las sesiones de *mindfulness* mañaneras o a la charla motivacional de los jueves. Que aprendas a dominar tu mente y te liberes de tu negatividad, que vibres alto.

Ponen todo el foco de tus problemas en ti. Y es que, en el ecosistema del trabajo, es probable que el origen de muchos de tus problemas tenga que ver con la organización, con sus políticas, con las decisiones de los de arriba, con las muchas horas trabajadas o el poco sueldo que recibes a cambio de ellas. Nunca van a darte la razón y luchar por cambiar las condiciones de trabajo que de verdad importan, porque si no los despiden.

Contratan a payasos para tener entretenidos a los empleados y hacerlos sentir culpables por su insatisfacción, para que dejen de dar por culo a los de arriba y estos puedan seguir ganando pasta a tu costa. En lugar de subirte el sueldo o darte más días libres y dejarte salir antes para recoger a los niños del cole, les sale muchísimo más barato traer a bufones para que insulten tu inteligencia contándote que la fórmula del éxito es pasión + ilusión + talento = éxito o alguna otra gilipollez de parvulario.

Los Chief Happiness Officers (o cualquier otra variante que veas en ofertas de trabajo) también son víctimas del sistema, pero son los ciudadanos más fanatizados por la propaganda del imperio de la felicidad. En los campos de concentración de la Segunda Guerra Mundial también había prisioneros que hacían de guardas, con la esperanza de no ser tan maltratados o recibir más comida.

Si estás mal, te dirán que te pongas a meditar y sanes a tu niño interior, y que dejes de dar por culo.

El robot de la risa

Un día me encontré por redes sociales con un vídeo de una que hacía «yoga de la risa» o algo así. Empezaba a fingir que se reía de forma muy estridente durante un minuto entero, y vendía la idea de que eso era efectivo para vivir más felices. Me pareció la cosa más siniestra del mundo. Era la viva imagen del Joker. La típica risa del villano perturbado de las películas. Si estás jodida o pasando por un mal momento, fingir que te ríes de las cosas no va a solucionar tus problemas. En muchos casos, te va a hacer sentir más miserable. Y va a quitarte espacio para procesar la situación de forma sana (ya hablaremos de la tristeza y la rabia más adelante).

Y seguro que algún *zenutrio* leyéndome va a pensar que estoy en contra del optimismo o algo así. Pues no. El optimismo es maravilloso, es genial para la salud mental, y nos va a ayudar mucho en la vida. Pero el optimismo es como un dildo. No puedes ir por ahí metiéndoselo a la gente por el culo de repente, por mucho que te guste. Pide permiso antes. El optimismo solo funciona si nos nace de manera natural. Si nos lo imponen desde fuera, nos puede hacer sentir más miserables e incomprendidos.

Algunas cosas sí que son tan terribles

Si alguien viene a contarte que le ha pasado algo gordo, no le sueltes que «nada es tan terrible», alma de cántaro. Eso es muy fácil decirlo cuando a ti no te ha pasado lo mismo que a la otra persona o eres un pijo que vive una vida fácil. Claro que hay cosas terribles, y jode muchísimo que nos vengan desde fuera a decirnos que no, que estamos sufriendo porque queremos y porque somos gilipollas. Al intentar imponer la tiranía del optimismo a nuestro alrededor, corremos el riesgo de confirmar lo inhumanos que nos hemos vuelto y lo desconectados que vivimos de los demás.

Un recurso que puede estar genial para vivir con mayor tranquilidad es la meditación; a mí me gusta y la practico a menudo. Pero hacernos unos fanáticos puede convertirnos en personas insensibles con el dolor de los demás, además de convertirnos en personas pasivas que se quedan mirando ante los abusos y las injusticias que hay en el mundo, que no contribuyen a construir un mundo mejor. No me seáis *zenutrios*.

Y esto conecta con una idea que me gusta recordar a la gente y que ahora te la quiero transmitir a ti: la tolerancia también tiene límites. No hay que tolerarlo todo. Dicen que la mente es como un paracaídas, que solo sirve si se abre. Pues no. Hay veces que es mejor mantener la mente bien cerrada, a ver qué mierdas nos van a meter ahí. Marcar límites a otras personas significa precisamente volvernos intolerantes ante ciertos comportamientos. No hay que tolerarlo todo (incluso si viene con aparentes buenas intenciones).

Condiciones innegociables

En la vida hay que tener algunas condiciones innegociables, si no nos van a tocar mucho los farolillos. Cuando trabajo en terapia con alguien que está superando una ruptura o un desengaño amoroso, en algún momento terminamos hablando de los aprendizajes y de actualizar la lista de *red flags*.

Por ejemplo, una chica (llamémosla Carla, por

ejemplo) se terminó dando cuenta de que un denominador común en sus últimas decepciones amorosas era que todos sus ex se drogaban bastante. Carla veía un patrón en su vida: que muchos de los tíos con los que se había liado vivían por y para el alcohol o los porros. Y, tarde o temprano, esos consumos frecuentes y excesivos habían contribuido a dinamitar la relación. Hablando del tema en terapia, Carla se dio cuenta de que, para proteger su salud mental y centrarse más en el tipo de relaciones que quería, iba a pasar a la gente por ciertos filtros. Por muy atractiva o simpática que fuese una persona, si llevaba un rollo que girase mucho alrededor del consumo de sustancias, apuestas o cosas raras, iba a descartarla.

Y eso lo hace mucha gente. Hay personas que no se pueden imaginar con otra que tenga unas ideas políticas completamente opuestas a las suyas. Hay veganos muy convencidos que saben que terminarían chocando mucho con alguien que les dejase la casa oliendo a huevos con bacón. A lo mejor tienes clarísimo que quieres tener hijos, y no vas a verle futuro a las relaciones con personas que no quieran. Igual estos ejemplos a ti te parecen tonterías, pero la realidad es que cada persona tiene sus necesidades y sus preferencias. Y hay algunas cosas que son innegociables. Piensa en tu lista de *red flags*, estoy seguro de que hay más de una cosa que para ti no es negociable.

Por ejemplo, en general yo recomiendo a la gente que se haga extremadamente intolerante ante quienes las traten mal. Parece lógico, pero fliparías con la de gente que no defiende ni sus límites más básicos. Y con el paso de los años, acaban normalizando cosas que nunca deberían normalizarse, y se resignan porque entienden que la vida es así o que todas las parejas son asá. Y no. Es muy sano eso de permitirnos ser algo intolerantes con ciertas cosas. Carla tiene como regla personal alejarse de quienes no puedan disfrutar de un finde sin fumarse un porro o emborracharse, porque sabe que esos hábitos no le aportan nada bueno y no tiene por qué sacrificar su propio bienestar por la atención de otras personas, por muy atractivas o simpáticas que sean.

Por eso es importante recordarnos qué cosas nos parecen verdaderamente terribles e intolerables, y trabajar por vivir una vida más o menos coherente con nuestros valores y necesidades. Pero, ojo, esto no va de cambiar a las personas, porque eso es chunguísimo y puede traer mucho sufrimiento a ambas. Esto va de tener claras nuestras preferencias y nuestros límites, y ser capaces de comunicarlas a las otras personas, decirles de manera respetuosa y honesta que «no estamos buscando lo mismo». Y cada uno por su lado a hacer (y que le hagan) lo que le mole.

El problema de tener la mente muy abierta

Retomo la frase que he mencionado unas pocas páginas atrás, que dice más o menos esto: «La mente es como un paracaídas, solo sirve si se abre». Ja, ja. Muy aguda. Sí, es importante abrir la mente para explorar cosas desconocidas, aprender cosas nuevas, cuestionarnos creencias erróneas. Es útil, lo recomiendo. Y a la vez, también es importante la otra dirección: cerrar un poco las puertas. O mucho.

El problema de abrir «demasiado» la mente es que te entran todo tipo de mierdas. Que dejas entrar de todo, que no filtras, que toleras cualquier cosa. De esta manera, caes en el relativismo extremo que justifica cualquier tipo de atrocidad y abuso. Y lo cierto es que alguien que no se cuestiona realmente las cosas, y a pesar de eso se cree una persona «despierta» y un ser de luz y todo eso, llega a ser el más borrego de todos.

Si abres tu mente demasiado, te puedes convertir en:

- Una persona sin valores.
- Una persona sin principios.
- Una persona sin convicciones.
- Una persona que no marca límites y a la cual pueden pisotear sin remedio.
- Una persona que se desconecta del exterior y abandona al resto de los seres humanos a su suerte.

Una persona que va de «muy abierta» por la vida podría quedarse mirando ante todo tipo de injusticias. Es como quien mira cómo masacran a la gente en alguna guerra al otro lado del mundo y dice: «Yo es que soy neutral», y pone cara de orgulloso, como un bebé que se ha cagado en la alfombra. Pero déjame decirte que la neutralidad no existe. Mucha gente va de «yo es que soy neutral» como una especie de superioridad moral, cuando lo que realmente ocurre es que les da miedo mojarse, quieren la validación de todo el mundo y no se atreven a defender nada, y, de ahí, que toleren todo tipo de mierdas.

Voy a contarte una anécdota como metáfora de lo que acabo de explicarte. Vivo al lado de la playa, y me mola abrir el balcón para que entre el aire. Pero un amigo que también vive cerca me contó que dejó la puerta del balcón abierta varias horas y se metió una gaviota y les cagó por todo el salón antes de huir volando. Por eso es buena idea cerrar el balcón de vez en cuando, y la mente también; a eso me refiero. Mucho cuidado con esas ideas de optimismo descerebrado, que nos pueden dejar con el culo al aire ante la vida. Hay que mojarse, no hay que tolerarlo todo, hay que quejarse y defender las cosas importantes. Si no, nos comen.

5

EN ELOGIO DEL MIEDO

Y entonces, como un niño, cerré los ojos para no ver la oscuridad.

JULIO VERNE,
Viaje al centro de la Tierra

Mamá, quiero jugar con fuego

El miedo es una emoción básica que poca gente entiende bien. El miedo es como cuando nuestros padres van detrás de nosotros evitando que nos hagamos daño o le saquemos un ojo a otro niño. Es lo que hay. Los niños no conocen el mundo, sienten una curiosidad genuina e infinita, todo lo quieren tocar y probar. Experimentar es algo natural en la infancia. Pero nuestros padres tienen que estar vigilando y darnos espacio para jugar y explorar bajo ciertos límites. Exploración controlada. Si tuviste la suerte de no tener padres negligentes, estos te vigilaron para que no te metieras cosas muy pequeñas en la boca, que no jugases con las tijeras puntiagudas o no metieses la lengua en el enchufe. Según te hacías mayor, fueron permitiendo que te pegaras cada vez más hostias, para que aprendieses por tu cuenta. Pero siempre con límites. Te dejaron jugar en el parque hasta rasparte bien las rodillas (y aprender que ciertos saltos son poco inteligentes), pero sin dejar que intentases testear tu elasticidad tirándote de un barranco o jugando al fútbol con los coches.

Entre otras muchísimas cosas, nuestros padres interpretaban el papel del miedo que nosotros no habíamos desarrollado todavía. Los niños no tienen miedo de cortarse con las tijeras hasta que se cortan y sienten el consecuente dolor de mil demonios, ven la sangre y tal..., o hasta que ven a otra persona cortarse, o hasta que son suficientemente mayores para entender que algunos objetos hacen daño y hay que usarlos con cuidado.

El miedo es algo así como nuestros padres,

pero instalado de serie en nuestro sistema nervioso. En función de nuestras experiencias, tendremos más o menos miedo a unas cosas. Y no siempre necesitaremos hacernos daño para aprender a temer algo. A veces solo bastará con el desconocimiento, pues lo desconocido y la incertidumbre también pueden dar mucho miedo. Nuestra imaginación suele ser responsable de los mayores terrores (por eso a tantos adultos todavía nos da miedo caminar a oscuras por casa a las cuatro de la madrugada, aunque sepamos que no hay fantasmas y nos sabemos de memoria el camino hasta el baño).

El escalador sin miedo

Yo admiro mucho a los escaladores. La escalada me parece una pasada. Pero hay algunos que me ponen los pelos de punta (los del culo, porque los de la cabeza no). Hace años vi un documental de un escalador de estos superprofesionales. No recuerdo el nombre del documental, pero el tío es famosísimo. Se llama Alex Honnold. Es un flipado de esos que van coleccionando las montañas más peligrosas del mundo. Pero este tarado las sube sin cuerda ni arnés de nada. Solo con las manitas. Las medidas de seguridad son para otros. He hecho un poquito de escalada en mi vida, y me estremezco con solo pensarlo. Lo que pasa es que el tío no siente miedo al hacer esas cosas. Literalmente, no siente miedo. ¿Y cómo lo hace? Ahí está la cosa, que él no lo hace. Es así. Le hicieron pruebas neurológicas de esas complejas y molonas y descubrieron que pasaba algo raro con su cerebro.

El sistema nervioso es la cosa más complicada del mundo. Solemos quedarnos con la idea de que cada parte hace una cosa diferente y que todo está muy bien delimitado. Para nada. La mayoría de las partes del cerebro hacen un poco de todo y participan en muchos procesos diferentes. No quiero pecar de «reduccionista» al afirmar que la amígdala es el centro del miedo y ya está. Pero es bastante importante. En los resultados de las pruebas neurológicas a Honnold, se ve que su amígdala no se activaba tanto en situaciones en las que *se suponía* que debería sentir miedo (o, al menos, la mayoría de las personas lo sentirían). Esa parte del cerebro que debería susurrarle con voz maternal: «No escales sin cuerda que como te caigas te vas a matar», estaba fuera de servicio.

Por eso, sin el cacareo constante del miedo en su cabeza, Alex Honnold puede hacer cosas prácticamente sobrehumanas. Pero, ojo, también hay que verlo como una tara importante. El miedo nos ayuda a evitar situaciones demasiado peligrosas. A partir de cierta altura, cualquier caída es mortal. Un solo fallo y Honnold es papilla. ¿Vivir sin miedo es un superpoder o una superdebilidad?

A mí me daba cierta rabia ver el documental porque también entrevistaban a sus familiares. Las reacciones eran la hostia. Le querían mucho (por supuesto), pero vivían con el miedo constante de que cualquier día se agarrase a una roca un poco suelta y se matase. Vivían con esa espada de Damocles soplándoles la nuca. Hay gente con trabajos peligrosos, pero sus hijos viven tranquilos porque entienden que hay medidas de seguridad y sus padres se cuidan. Pero lo de Honnold se lleva la palma.

Ahora me saldrán un montón de *zenutrios* y fanáticos motivacionales con que cada uno debe perseguir sus sueños sin pensar en nada más, seguir su pasión y blablablá. Y mientras les sale espuma por la boca, seguirán sin entender que Alex Honnold tiene un grave problema para empatizar con el miedo de su familia, o gestionar su papel de padre de forma razonable. Intentemos ponernos en los zapatos de su pareja o de sus hijos. Puede ser muy jodido sacar adelante una familia viendo que el padre está ausente constantemente, y que además vive con la muerte literalmente a su espalda, porque escalar con cuerdas y arnés como el resto «le sabe a poco».

Tener demasiado miedo a ciertas cosas puede ser incapacitante, por supuesto. Pero tener demasiado poco miedo también puede serlo (y hasta mortal). Fíjate en este escalador, enganchadísimo a la adrenalina y, por ello, en ocasiones a punto de morir... Personalmente, no me parece muy buen plan morir joven y dejar a unos niños sin su padre. El caso de Alex Honnold, después de darle vueltas, me dio bastante pena, ya que él no puede elegir sentir miedo como las demás personas.

Hay algunos escaladores que tienen conductas que me dan bastante rabia, como el empeño de muchos en subir el Everest. Antes que psicólogo, soy persona, y también tengo mis manías y mis juicios, qué quieres que te diga. Lo de gastarse varios miles de euros para hacerse un selfi ahí arriba, además de arriesgar la vida de los *sherpas* que van cargando con las mochilas y las bombonas de oxígeno de esos escaladores porque alguien necesita demostrar algo, además de dejar un montón de basura ahí arriba por cuestión de ego..., pues qué quieres que te diga, me parece un capricho innecesario. El Everest está lleno de cadáveres congelados de personas que murieron en zonas demasiado altas o poco accesibles para poder rescatarlas. Hay muchísimas montañas divertidas de subir por el mundo. ¿Por qué forzar tanto las cosas para colgarse la medallita de haber escalado la más alta hasta su cumbre? No sé, no veo el «valió la pena» por ningún lado.

Tal vez tú pienses: «Tío, que hagan lo que quieran con su vida». Tienes razón. Pero igual te olvidas de que sus familias preferirían tenerlos con ellos y que se hubieran quitado de la cabeza el capricho de irse tan lejos. Por eso me dan rabia los documentales de superación de escaladores enganchados a la adrenalina que no ven nada más aparte de su obsesión. Ojalá hubieran sentido más miedo antes de meterse ahí. Yo también tengo mis manías, y esa es una de ellas. Y como es mi libro, pues me quedo a gusto.

¿Acaso eres un gallina, McFly?

El estigma del miedo es creer que los demás pensarán que somos unos cobardes por sentir más miedo que ellos, o simplemente darle la razón a ese miedo y retirarnos a tiempo. ¿Te acuerdas de las míticas películas de *Regreso al futuro*? El matón del instituto tiene al protagonista cogido por los huevos. Pero no físicamente, sino por su miedo a parecer un cobarde. Le reta a hacer cosas peligrosas o estúpidas con su frasecita «¿Acaso eres un gallina, McFly?». Y McFly NO quiere que el neandertal ese piense que es un gallina. Así que pica el anzuelo. Luego, al final el protagonista siempre gana. Pero eso no quita que tuviera una debilidad muy grande, y es que le importaba demasiado que los demás pensasen que era un cobarde, lo que le hacía meterse en problemas innecesarios por intentar demostrar algo a los demás.

Y películas de ciencia ficción aparte, el miedo a que se nos vea con miedo está muy presente. Tenemos miedo de que se burlen de nosotros, de que nos pierdan el respeto. Tenemos miedo de ligar menos, de que nuestros rivales nos miren por encima del hombro. Nos jode mucho pensar que otras personas se sientan superiores a nosotros porque hemos dejado entrever que tenemos miedo a algo.

Y, ojo, esto no quiere decir que los demás no compartan ese miedo. Pero a lo mejor no son lo suficientemente inteligentes como para hacer caso a ese miedo *(zenutrios)* o también viven esclavizados por esa cultura que nos dice que mostrar nuestros miedos es un signo de debilidad.

¿Se entiende? Nuestro miedo a admitir el miedo nos puede hacer más manipulables y limitarnos mucho en la vida (por mucho que nos repitan que hay que quitarse de encima todos los miedos o nos perderemos la vida). La vida sigue siendo la hostia aunque no escales una pared vertical de quinientos metros sin cuerda.

Pase de por vida para paseos en helicóptero

Hay sustos que se nos quedan grabados y hacen que desarrollemos mucho mucho miedo a ciertas situaciones. Imagínate que los malos recuerdos de aquella situación son una película. Que enciendes la tele y solo echan esa peli en todos los canales, y la repiten cada poco rato.

Hace muchos años, tuve uno de esos sustos en un accidente de montaña. Hubo una cierta dosis de mala suerte, y otra dosis importante de negligencia mía. No voy a entrar en detalles, pero tuvieron que mandar un helicóptero a rescatarme, y me pasé dos noches en el hospital. Podría haberla palmado. Tuve mucha suerte, iba con más gente y se quedaron cuidándome hasta que llegaron los de emergencias. Aparte de la vergüenza, culpabilidad y sentirme gilipollas, también pasé mucho miedo durante los meses siguientes. Me venían *flashbacks* constantemente, imágenes y sensaciones de lo que me pasó allí arriba, el paseo en helicóptero y el tiempo que estuve en el hospital. Todavía me da yuyu revivirlo en mi cabeza, pero también soy el primero que hace bromas sobre el tema, porque ya han pasado muchos años de aquello.

Mi cabeza entendía que era importante aprender de esa experiencia para evitar volver a ponerme en peligro de la misma forma. Por eso no paraba de repetir la película del paseo en helicóptero en mi cabeza. Mi mente me regaló un pase de temporada (en contra de mi voluntad). Y revivir con miedo ciertas experiencias es un rasgo común del ser humano. Hay gente que ha pasado por situaciones jodidísimas. Lo mío fue sobrevivir a un accidente de montaña, pero otras personas a lo mejor tienen grabada la muerte de familiares, una pelea, un robo, una violación... Y vuelven a vivir a menudo el sufrimiento indescriptible que pasaron. Lidiar con esas cosas no es fácil. Y cada persona las supera a ritmos diferentes, dependiendo de lo que pasara y de cómo se apañasen durante los meses (o años) siguientes.

¡Ojo! Cuando digo «superar» no me refiero a olvidarlo. Ciertas cosas no se olvidan nunca, ni de coña. Imposible (a menos que consigas el neuralizador de los *Men in Black*). Lo más a lo que podemos aspirar es a aprender a convivir con esos malos recuerdos. Eso no quiere decir que no nos provoquen malestar al revivirlos. Pero sí podremos trabajar para que, cuando algo nos recuerde a aquel infierno (ciertos lugares, personas, los aniversarios...), seamos capaces de seguir con nuestra vida dignamente.

En mi caso, lo llevo guay. Sigo haciendo senderismo y escapaditas de montaña. Me he vuelto un absoluto paranoico de ciertas «medidas de seguridad» (quienes hayan caminado conmigo saben qué), pero las llevo de manera bastante funcional. Tengo muchísimo más cuidado con ciertas cosas (el susto me sirvió para aprender a cuidarme más). Esos hábitos me ayudan a sentirme más seguro a la vez que me dejan espacio suficiente para divertirme. Pero ese es solo mi caso; es único. Tus historias probablemente serán muy diferentes.

Corazón, siéntate

Pedirle a la gente que deje de sentir miedo es como pretender que se conviertan en unos robots que puedes apagar con un interruptor. Pero el miedo no es una televisión que puedas decidir no ver cuando te da la gana. Cuando le decimos a la gente cosas del tipo «no tengas miedo», la estamos cagando. Que sí, que tenemos buenas intenciones, pero sigue siendo un error la mayoría de las veces. Porque les estamos pidiendo algo imposible. Nadie puede elegir dejar de sentir miedo inmediatamente.

Por supuesto que hay maneras de «gestionar»

el miedo, estrategias y técnicas para poner algo de distancia, ver las cosas de otra manera o calmarnos poco a poco. Pero no se va a ir de repente porque queramos. El miedo es una reacción natural y automática del cuerpo, como que nos lata el corazón. Si corremos en una carrera popular, nuestro corazón va a ir latiendo más deprisa que de costumbre para bombear sangre y oxígeno a las piernas para que sigan avanzando. Pero nuestro corazón no va a calmarse de repente al atravesar la línea de meta. Necesitaremos unos minutos para que se vaya calmando. No es como un perro que obedece al decirle «siéntate».

Cuando le decimos a otras personas que dejen de tener miedo, es muy poco probable que dejen de tenerlo. Es muy posible que sientan frustración porque les estamos pidiendo algo que no pueden hacer. Aunque no lo digan (porque solemos ser muy educados, sobre todo cuando percibimos que alguien intenta ayudarnos, nos sabe mal decirle: «Deja de intentar quitarme el miedo de encima que me estoy cabreando»). Y si esa persona ya estaba sufriendo por el estigma del miedo (el miedo a parecer unos cobardes a ojos de los demás), con nuestros comentarios es muy posible que se lo empeoremos. Porque al decirles que dejen de tener miedo, implicamos que creemos que NO es adecuado sentir miedo en esa situación. Frustración, vergüenza, culpa porque seguimos teniendo miedo aunque otras personas nos confirman que *no deberíamos*.

Lo mejor en la mayoría de los casos suele ser validar lo que la otra persona siente y acompañarla. Dar consejos desde nuestra experiencia puede parecer una buena idea, pero en muchas ocasiones estorbaremos y confundiremos a la otra persona. Porque lo que nos ha funcionado a nosotros nos ha funcionado *precisamente* porque somos nosotros.

Me gustaría compartir contigo algunas cosas que pueden ayudar cuando alguien a nuestro alrededor esté sufriendo mucho por el miedo a algo:

- ¿Cómo te sientes?
- Entiendo que te sientas mal con esto. ¿Qué necesitas? ¿Puedo ayudarte en algo?

- Me voy a quedar aquí contigo un rato, el tiempo que necesites.
- No te sientas forzado a hacerlo ahora. Podemos dejarlo para otro día. A tu ritmo.

Spoiler: las guerras matan

Hace unos años se me cruzaron los cables y me dio por trabajar por cuenta propia. Hacerme autónomo. Madre mía, qué follón. Estás leyendo este libro porque me salió bien la jugada. Pero también podría haber ido muy mal. Emprender y sacar un negocio adelante es lo más jodido del mundo. Leí en algún sitio que más del 80 por ciento de los nuevos negocios se van a la mierda durante el primer año. ¿Qué significa eso? ¿Que el 80 por ciento de la gente es inútil? No. Es la naturaleza. No basta con tener ilusión. Hay que tener buenas ideas, trabajar muchísimo y tener una buena dosis de suerte. No lo habría conseguido sin el apoyo de la gente que me quiere. Soy un tipo con suerte, lo sé.

Hay mucho gurú fundando institutos de la felicidad (como si fuesen los putos mesías) intentando venderte la idea de que emprender es fácil si le pones pasión y lo deseas muy fuerte. Que la quiebra es algo que les pasa a otros. Piensa que la mayoría de esos sinvergüenzas solo han sacado adelante un negocio en su vida: el de convencer a otras personas que sacar adelante un proyecto es facilísimo.

Con esto no quiero decir que no emprendas o no intentes sacar adelante un negocio por cuenta propia. Pero piénsatelo bien, porque la estadística dice que no es nada fácil. Y si lo intentas y llegas a la conclusión de que no es para ti, no pasa nada. Circula mucho en nuestra cultura la frasecita del «prohibido rendirse». Me da mucha rabia esa ideología, porque implica que si abandonamos un proyecto que no funciona, somos unos cobardes (de nuevo el estigma del miedo).

Joder, claro que poner ilusión en las cosas y contar con una sana dosis de optimismo ayuda. Pero no basta. Hay proyectos que están mal planteados desde el principio. Nos falta experiencia o conocimiento, o no tenemos los recursos, los contactos o el equipo. Y pueden ser razones totalmente legítimas para dar un paso atrás. Puede ser que abandonemos el proyecto para siempre o que simplemente lo aplacemos un tiempo hasta que ideemos un plan más sólido.

¿Tú sabes qué tipo de soldados llegan a viejos? Pues los que menos han luchado. Las guerras matan, y sobrevivir a cualquier batalla requiere de una buena dosis de suerte, además de habilidad o estrategia. Muchas guerras se han ganado precisamente porque los del puesto de mando fueron lo bastante inteligentes como para retirarse a tiempo de las batallas más difíciles.

Retirarse a tiempo no es cobardía. Es mirar a la realidad a los ojos, reconocer que hoy no las tienes todas contigo y que es mejor dar la vuelta e intentarlo otro día con mejor preparación (o no). ¿Qué es mejor? ¿Darnos cuenta de que hemos tenido una idea estúpida, y abandonar antes de que nos explote en la cara? ¿O autoengañarnos mientras nos damos golpes en el pecho y marchar a la muerte mientras suenan eslóganes motivacionales con música épica de fondo? Los gurús te dirán de forma rígida que lo mejor es lo segundo. Porque no son ellos los que van a luchar. Eres tú. Ellos no se juegan el culo. Te animan a arriesgar tu salud y tu patrimonio porque ellos no se juegan nada. Yo te diré que he trabajado en terapia con muchas personas que han salido traumatizadas y destruidas de una de esas. Porque les vendieron que sería facilísimo si creían en sí mismas, y que «rendirse» estaba mal.

Esto me lleva a hablar sobre el síndrome del impostor, que, por cierto, está de moda. Joder, hay muchísima gente que debería tener más síndrome del impostor, porque no tienen el conocimiento ni la experiencia para hacer lo que hacen. Y ese es precisamente el problema. Ojalá reconociesen que querer no siempre es poder, que pusiesen los pies en la tierra y se preparasen más antes de intentar abarcar lo que no pueden. Así que mucho cuidado con los gurús pijos que venden la idea de que vivir sin miedo es lo mejor del mundo. Porque no hablan desde la realidad, sino desde el bolsillo. No todo el mundo sería feliz viviendo en Alaska, y no tiene nada de malo aceptarlo.

Cuando el hielo bajo tus pies hace crac

Unas semanas antes de terminar este libro, viajé por primera vez a Noruega, y de paso visité a unos amigos que vivían en Oslo. Uno de los días que estuvimos con ellos, nos llevaron en coche a ver sitios guais por los alrededores. Era febrero, así que había mucha nieve y todo estaba congelado. Incluidos los ríos y lagos; era muy impresionante. Estábamos cerca de Tønsberg, y el río estaba totalmente helado. Cerca de la orilla había un hombre y su hijo jugando al hockey sobre hielo. Se nos ocurrió acercarnos y caminar por el hielo también, ¡qué experiencia! El hombre, al vernos cara de extranjeros y empezar a caminar por el hielo, nos advirtió que no nos adentrásemos demasiado ni nos alejásemos de donde estaban ellos. Mi amigo Jürgen, que es un palillo y no pesa nada, siguió caminando por el hielo siguiendo las huellas que alguien había dejado en la nieve que había sobre el agua congelada. Llegó al otro lado sin problemas, ni un crujido del hielo. Mi pareja y yo decidimos volver a la orilla, por si acaso. Por dos razones. La primera, que mi amigo Jürgen pesa mucho menos que yo. Así que el hecho de que él pudiera caminar por ese hielo no significaba que el hielo no fuese a romperse bajo nuestros pies. La segunda razón era que tampoco sabíamos cuánto pesaba la persona que había dejado las huellas. Podría haber sido un luchador de sumo o el hermano gemelo de Jürgen, ni idea. Pero preferimos no arriesgarnos. No creo que me perdiese nada especial. El viaje salió redondo y lo disfrutamos mucho.

Sé de mucha gente que habría cruzado el hielo sin pensar, por pura presión social o miedo de perderse algo. Yo creo que hay cosas con las que no vale la pena arriesgarse. Una de ellas es caminar sobre un río congelado sin saber a ciencia cierta si el hielo aguantará el peso de una persona. Hay veces que sentimos miedos justificados, inteligentes y extremadamente útiles, y los ignoramos por presión del entorno o por la emoción del momento. Y a veces acertamos y no pasa nada, y otras veces nos hundimos en el hielo y nos da una hipotermia. Rechazar ciertos ofrecimientos es buena idea. Aunque vengan de un buen amigo que nos está enseñando los rincones más bonitos alrededor de Oslo en invierno.

Vivir con miedo (pero bien)

El tema de los miedos es muy personal. No siempre es fácil etiquetar un miedo como bueno o malo, adaptativo o disfuncional. Depende de la persona, sus experiencias y preferencias, su estilo de vida. Hay miedos que no nos van a afectar mucho en el día a día, así que podemos dejarlos quietos y vivir nuestra vida. A lo mejor tienes fobia a las serpientes. Pero a menos que vivas en ciertas zonas rurales de la India o trabajes en un zoo, el miedo a las serpientes no es algo que te vaya a amargar la vida, la verdad. Es uno de esos miedos muy comunes, pero que poquísima gente se trata con profesionales, ya que no les hace falta. Estoy segurísimo de que los osos me dan mucho miedo (sean del color que sean), pero creo que es un miedo que es mejor mantener, no sé. El miedo a volar en avión es otra cosa. Porque ese miedo igual te impide hacer escapadas exóticas con tu pareja o amigos. Que sí, que se puede ver el mundo viajando en tren y que es mejor para el medio ambiente. Pero es logísticamente muchísimo más difícil, no me jodas. Viajar a Japón en tren desde Madrid no es fácil.

Lo cierto es que un miedo será «malo» (prefiero decir «disfuncional» o «desadaptativo») cuando la persona decida que le está estorbando demasiado en su día a día o en las cosas que quiere hacer. Por ejemplo, conozco a mucha gente a la que no le gusta nada viajar. Pero nada de nada. Les parece demasiado engorroso e incómodo, que en su casa están genial. Así que tener o no tener miedo a los aviones se la suda. Y eso está muy bien.

Si no lo veo, no me ve

La reacción más natural ante el miedo es la evitación. Lo que algunos *zenutrios* llaman ser un cobarde. Después de millones de años, seguimos evitando las cosas que nos dan más miedo porque «funciona». Igual no coges el coche porque te da miedo tener un accidente. ¡Magia! No coges el coche, no tienes accidentes de coche. Digo que «funciona» porque a nivel individual y subjetivo cumple la función de quitarnos el miedo de encima. Porque ponemos distancia con aquello que nos da cague. Nos sentimos seguros. Si no lo veo, no puede hacerme daño.

Te voy a contar una anécdota para que veas un ejemplo de como evitar el miedo, a veces, funciona muy bien. Hace muchos años viajé a Bulgaria con un amigo. Llegamos a Sofía por la noche, e intentando llegar a nuestro *hostel* llegamos a una calle oscura con un montón de perros callejeros merodeando. Y alguno ladraba. Nos cagamos y dimos la vuelta, dimos un rodeo por calles sin perros. Evitamos y terminamos caminando más. Pero seguramente nos libramos de un mordisco en el culo o de pillar la rabia, quién sabe. Por cierto, Bulgaria es muy bonita, hay que visitarla más.

Evitar las cosas que nos dan miedo nos hace sentir mejor a corto plazo. Pero a largo plazo empeora el miedo. Todo va genial si podemos vivir la vida alejados del peligro (si tengo miedo a las serpientes, vivo feliz siempre y cuando viva lejos de ellas). Pero si no puedo evitar entrar en contacto con lo que me da miedo, estoy jodido (por ejemplo, te da miedo ir en metro a trabajar, pero es que tardas cuarenta minutos más si coges el bus, y no puedes permitirte hora y media más de transporte al día).

El exceso de evitación suele ser el ingrediente principal de muchos problemas de ansiedad. Hay personas a las que les da ansiedad meterse en sitios con mucha gente, hasta llega un punto en que lo pasan mal saliendo a la calle, no paran de pensar en que va a darles tanta ansiedad que se quedarán sin aire, se desmayarán o les dará un paro cardíaco. Si no te ha pasado nunca algo parecido, puede ser difícil de entender. Muchas de esas personas aprenden que ir a determinados sitios o hacer ciertas cosas les da ansiedad o incluso les puede dar un ataque de pánico (se pasa mal), así que empiezan a evitar sistemáticamente esos lugares y situaciones. Y empiezan a ver como su vida se hace un poco (o bastante) más difícil. Cuando ven que la vida se les ha hecho demasiado difícil por esa evitación, es cuando la mayoría decide consultar su caso con profesionales.

Cuestión de perspectiva

Hace tiempo leí un chiste muy interesante. Decía algo así:

> La próxima vez que te sientas deprimido, recuerda, la vida es cuestión de perspectiva. Tengo un amigo que folla dos o tres veces a la semana. Hace ejercicio dos veces al día. Lee dos libros a la semana.

Aun así, siempre se está quejando de cuánto odia estar en prisión.

Piensa en ello.

Ja, ja, ja, ja, ja.

Muchas cosas en la vida son cuestión de perspectiva. Cosas que a nosotros nos aterran, pueden sacarles sonrisas a otras personas (y al revés, por supuesto). Eso que dicen de que algunas cosas dependen de los ojos con que se miran... Estas ideas son peligrosas si se llevan al extremo, ojo. Muchos sinvergüenzas se lucran diciendo a la gente que todo su sufrimiento es culpa suya y no tiene nada que ver con los problemas estructurales de la sociedad.

Peeeeeero el relativismo puede ser muy útil si se usa con cuidado. Por ejemplo, para trabajar problemas de ansiedad, es habitual que cojamos los miedos de la persona y la ayudemos a relativizar algunos, a darse cuenta de cómo su mente los puede exagerar y hacer que los monstruos parezcan más grandes y aterradores de lo que en realidad son. Recuerdo un caso concreto que trabajé en terapia hace un par de meses con una paciente que necesitaba ayuda para prepararse para subir a la cima de la torre Eiffel, a pesar de su problema de vértigo. Para relativizar ese miedo, seguimos unos pasos:

1. Detectar los miedos.
2. Cambiar la perspectiva.
3. Planificar una nueva forma de afrontar la realidad.
4. Comerse un cruasán a trescientos metros de altura (digooo, ejecutar las nuevas estrategias).

Además de que estuvo mentalizándose durante semanas, también estuvo practicando algunas técnicas para manejarse con sus pensamientos terroríficos e intrusivos. Además, ni siquiera pusimos la meta en subir a lo más alto de la torre. La animé a intentar subir a la mitad de la torre, quedarse ahí un rato, observar como su miedo se calmaba poco a poco (lo de exponerse ya lo habíamos practicado en situaciones menos turísticas) y en función de cómo se sintiese, que decidiese si quería ir hasta arriba o volver a bajar.

Pues en la siguiente sesión tras el viaje me contó que había subido hasta la mitad, vio que se sentía muy bien, y ya subieron hasta arriba del todo. Creo que en ese caso concreto fue clave que no se forzase a subir hasta arriba desde el principio, sino que empezase por abajo. Empezar poco a poco le dio algo de perspectiva y le permitió comprobar que las estrategias que había practicado en casa le estaban sirviendo también en Francia.

Cómete una araña

El miedo es como ese hijo pequeño que se caga encima mientras lo llevas en brazos. No puedes cambiarlo hasta que lleguéis a casa. No vas a abandonarlo en el bosque para que lo críen los lobos. Te lo planteas durante unos instantes, pero al final tu instinto paternofilial gana y sigues caminando. Tu hijo huele a caca, pero le quieres igual. Con el miedo ocurre algo parecido. No podemos abandonarlo. No es una opción. Nos toca caminar con él en brazos. Pretender afrontar ciertas situaciones sin miedo es como esperar que las nubes de lluvia eviten pasar por encima de ti. Algo te va a caer, acéptalo y saca el paraguas.

La estrategia más efectiva contra el miedo a largo plazo es exponernos. Poco a poco, con cabeza, pero exponernos. Enfrentarnos al miedo significa acercarnos poco a poco, sin prisa, hasta que nos sintamos más cómodos a su lado. Abrazarlo. Quiere protegerte. Es como tus padres cuando no te dejaban correr con las tijeras en la mano. Hoy tienes dos ojos en la cara gracias a sus consejos indeseados. De nada.

Mucho cuidado con quienes te recomienden «terapias de choque» o enfrentar tus miedos a lo bruto. Por ejemplo, si a tu hijo le da mucho miedo el agua, empujarlo a la piscina por sorpresa es lo más cruel que podrías hacer, e igual no te mereces el carnet de padre/madre. Conozco a mucha gente que ha salido verdaderamente traumatizada de cosas así, con más miedo que nunca y sin ganas de volver a intentar afrontarlo. Si haces las cosas de esta manera, al final la otra persona solo aprende a no confiar en ti porque no empatizas ni te tomas en serio sus miedos. O a no respetar los límites de los demás, que también está fatal. Despacio, con cariño y con permiso, como todo.

Dar a la gente espacio y tiempo para ir entrando en contacto con lo que les da miedo tiene muchísimas ventajas. Nos da tiempo a ir explorando sin llegar a entrar en pánico. Aquello de expandir nuestra zona de confort, pero sin traumatizarnos por ir demasiado rápido. Nos permite ajustar nuestra perspectiva, procesar el estímulo terrorífico de manera diferente. Pero que nos digan: «No pasa nada, no tengas miedo», no tiene el mismo efecto que acercarnos a algo por voluntad propia y verificar que no pasa nada. La persona está teniendo una nueva experiencia en la que no ocurren cosas tan catastróficas como se imaginaba. Al final se lo acaba creyendo, y puede ir avanzando cada vez más.

Si me viniese a consulta una persona queriendo trabajar su miedo a las arañas, probablemente haríamos varias cosas (cada caso es diferente, pero te explico los puntos generales):

- Le preguntaría sobre sus razones para querer cambiar su relación con las arañas, cómo imagina que eso haría su vida más cómoda o llevadera.
- Le preguntaría sobre los orígenes. ¿Desde cuándo le pasa? ¿De dónde cree que viene su miedo? ¿Es solo por las películas de Indiana Jones? ¿O ha tenido algún susto raro, como que su tío Mario (su tío preferido) murió en el Amazonas porque una araña gigante ultravenenosa le mordió en el cuello como un vampiro y después se lo comió, como la araña que casi se merienda a Frodo en *El señor de los anillos* después de envolverlo como un kebab?
- Le haría mil preguntas más sobre cómo funciona su miedo a las arañas. ¿Todas las arañas le dan miedo? ¿Qué tipos de arañas le aterran más? ¿Las de patas largas? ¿Las peludas? ¿Lo pasa mal solo si ve una ara-

ña bajando por la pared del dormitorio? ¿O también lo pasa mal al ver tarántulas en las películas, hasta el punto de cerrar los ojos porque le dan mucho yuyu? ¿Y qué siente cuando ve telarañas? ¿Nuestro amigo y vecino Spiderman también le cae mal? Del 1 al 10, ¿cuánto yuyu le dan cada una de esas situaciones?

- Después de haber hecho una «jerarquía» de todos los parámetros que influyen en su miedo a las arañas, haríamos un plan para empezar a exponerse a lo más fácil y después a lo más chungo. Tal vez empezaríamos mirando fotos de arañas feas. Después elegiríamos películas con arañas y tendría que ver alguna cada semana, sin cerrar los ojos. Luego, igual le propondría que se comprase un peluche arácnido y lo abrazase todos los días un ratito. Tal vez reservásemos para el nivel más difícil lo de que un domador de arañas le pusiera una araña en el brazo. Lo de encerrarse en una caja de cristal llena de tarántulas que se le meten por los pantalones y hasta por la boca lo dejaría en la columna «muy opcional», solo si es masoca. Ahí ya le propondría continuar con otro psicólogo, porque yo esas cosas no puedo verlas.

- Y antes de toda la parte de mirar o tocar arañas haríamos preparación mental. Pescaríamos exageraciones y distorsiones cognitivas que le dificultasen demasiado la tarea, e intentaríamos desmontarlas poco a poco. Igual le mandaría más deberes, como escribir una redacción o un cuento sobre lo asquerosas pero bellas que pueden ser las arañas, quién sabe.

Después de tanta exposición controlada, llegará un punto en que la persona sienta mucho menos malestar al ver arañas, puede que le parezcan hasta aburridas. Tal vez incluso aprenda a amarlas, adopte una de mascota, la llame Venom y la pasee por la calle y vivan mil aventuras por la galaxia y el multiverso. O no. Igual sigue viviendo su vida, pero sin que el miedo a las arañas le estorbe demasiado al querer hacer cosas.

Bueno, dejemos ya de hablar de arañas, que a mí sí que me dan asquito. Quédate con esto: si te obsesionas con no-pensar-en-un-oso-verde, es probable que tu vida termine girando alrededor de un Winnie the Pooh radiactivo.

6

EN ELOGIO DE LA TRISTEZA

Dime amigo: ¿la vida es triste o soy triste yo?

AMADO NERVO, poeta

Apestas a tristeza

Me encantan las películas de Pixar, y hay una que me gusta especialmente: *Inside Out* (creo que en castellano la tradujeron como *Del revés*). En la peli vemos a las emociones básicas que viven en la cabeza de una niña (Alegría, Tristeza, Enfado...) cómo manejan el cotarro de la complicada vida emocional de una preadolescente. A mí me gustó muchísimo cómo mostraron la relación de Tristeza con el resto de las emociones. Alegría se pasa casi toda la peli marginando a Tristeza. Que si es una aguafiestas, que si solo está amargándoles la vida a todos. Que mejor se quede quietecita en un rincón sin tocar nada, que hay que ser felices y ya. Tristeza le parece un estorbo y que no aportada nada bueno al mundo emocional. En esa peli, Alegría es la amiga extrovertida a la que todo le va bien y ve a las personas que están en un mal momento como un estorbo. Poca empatía, mucho «esta es mi fiesta, lárgate, eres una persona tóxica». Me mola mucho la peli porque, además de ser entretenida, trata el tema de la legitimación de la tristeza. El desarrollo del personaje de Alegría pasa por aceptar que Tristeza también tiene un papel en la vida, y que, si intenta bloquearla siempre, todo se irá a la mierda de una forma o de otra.

Pero ¿cuál es la función de la tristeza? Puede tener muchas. La más importante suele ser procesar una pérdida, un duelo. Podemos estar tristes por la muerte de un ser querido. Por mudarnos a una nueva ciudad o país y no terminar de adaptarnos, y echar de menos lo que teníamos antes. Porque nuestro mejor amigo ha tenido hijos y ya casi no tiene tiempo para nosotros. Porque hemos perdido nuestro trabajo y el nuevo no nos mola nada (o estamos en el paro y se está alargando demasiado). Nuestra tristeza también activa la empatía y el deseo de otras personas de ayudarnos y darnos apoyo. La tristeza compartida ante la adversidad puede unir muchísimo a un grupo de personas. Es el pegamento que mantiene unidas a muchas comunidades.

Aquí no queremos amargados

Un día me mandaron un titular sobre un gurú de esos de la falsa felicidad. Uno de esos charlatanes que se forran dando conferencias diciendo a la gente que sonría, que todo es muy fácil en la vida si uno lo desea fuerte, y que una empresa tiene que ser lo mismo que una familia... Muy Joker todo. El titular decía más o menos: «Yo echo de clase a quien no sonríe, si no ¿para qué están aquí?». Ese tipejo ya me caía mal de antes, pero desde entonces me da asco. Es de esos que se creen que la alegría es una cuestión de actitud y que la tristeza siempre es algo negativo. Vende charlas de motivación y liderazgo a empresas y equipos. Yo no podría confiar en personas así en mi equipo. ¿Cómo voy a confiar en un tío al que no le importan nada mis dificultades o mis penurias? Parece el típico psicópata que va a abusar de sus empleados para maximizar las ganancias y no va a admitir ningún tipo de crítica a su estilo de liderazgo del antiguo Egipto (el de los faraones motivando a sus esclavos a latigazos).

Lo del gurú ese es un caso extremo, lo sé. Pero te lo cuento porque la realidad es que se estigmatiza a menudo a la gente que está triste. Cuando vemos a una persona deprimida, muchas veces nos alejamos. No queremos que nos contagie su mala onda o algo. No queremos que nos corte el rollo. Entonces, la abandonamos. Por eso no podría confiar en personas así en mi equipo, que señalan y abandonan al que pasa por un mal momento, como si fuese elección suya. Nadie elige estar mal. Y lo que menos necesitan en ese momento es que los traten como apestados. Ese tipo de reacciones me parecen de lo más cruel e inhumano. Además, es un discurso que beneficia mucho a los directivos de grandes empresas y multinacionales.

El vagón silencioso

Mi novia me contó que un día en el tren alguien tocó el freno de seguridad (ni idea de quién lo hizo). Un niño pequeño que iba de pie con su madre se pegó una hostia por el frenazo del tren. No fue grave, pero una hostia al fin y al cabo. Y el niño, claro, lloraba. Es lo que hacen los niños cuando se hacen daño, llorar. Yo, si voy descalzo y me golpeo un dedo del pie con la pata de la mesa, también lloro. Bueno, que el niño lloraba. A los pocos minutos, cuando el tren se puso de nuevo en marcha, la mujer y el niño estaban sentados. Y va y aparece una revisora, una de esas personas en uniforme que van pasando para mirar que todo el mundo tiene billete de tren y todo eso. Pues a la que pasa al lado de la madre con el niño pequeño llorando de dolor, le dice: «Este es el vagón silencioso, hay que guardar silencio. Si el niño no se calla, cámbiense de vagón». (Esto ocurrió en un tren holandés, que tienen algunos vagones con carteles de silencio). Guau. Qué poco tacto. La gente del tren se le amotinó. Fue en plan: joder, ¿no ve que es un niño pequeño que se ha hecho daño? ¿Se cree usted que su madre puede «apagarlo» pulsando un botón o algo así? Nadie quería que la mujer y el niño se cambiasen de vagón. La revisora no sabía dónde meterse y se fue muy deprisa y mirando al suelo.

Bueno. La realidad es que hay dolores que duelen. Que duelen mucho. Que no se apagan porque nos empeñemos en que se apaguen. Por mucho que nos moleste que un niño pequeño o un bebé lloren, o que nuestra madre esté triste, o nuestro hermano esté ansioso. Y meter el dedo en la llaga en ciertas situaciones podría hacerte quedar como una persona con bastante poco corazón. Cuidadín, que luego nos sorprende que otras personas no confíen en nosotros. Igual la cagaste y le dijiste que «prohibido llorar en este vagón», y ya no te traga. La empatía es una cosa compleja. Es muy fácil hablar de ella, pero no es tan fácil practicarla.

Acompañar en silencio

Acompañar a alguien que está mal no es fácil. Es desagradable, sobre todo cuando entendemos un poco el dolor por el que está pasando la otra persona.

Imagínate que se ha muerto la madre de un buen amigo tuyo. Vas al funeral, y no sabes qué decir. ¿Qué hay que decir? ¿Qué es correcto? Ni idea. Yo tampoco lo tengo claro, y eso que soy psicólogo. Sí que he aprendido con los años que muchas frases enlatadas, tipo «ya era muy mayor, por fin estará en paz» o «sé fuerte» o «ella te querría sonriendo», pueden suponer más puñaladas a la persona que está en lo más duro del duelo por la muerte de un ser querido. Que sí, que lo decimos con la mejor intención del mundo. Por supuesto, nadie lo duda. Pero a veces decimos cosas con la intención de ayudar que no ayudan.

Lo peor suele ser dar consejos a otras personas sobre cómo llevar su dolor. A lo mejor le cuentas algo que te sirvió a ti cuando murió tu abuela. Pero es muy probable que no sirva, porque no sois la misma persona. Sois diferentes. Además, superar un duelo es una de las cosas más delicadas del mundo. Algunas personas necesitan un tiempo, otras más. Se han escrito cosas muy interesantes sobre el proceso de duelo y sus fases, y cada persona las atraviesa a ritmos diferentes, muchas veces en un orden completamente diferente. Si algo he aprendido durante mis años de profesión es que lo que mejor suele funcionar es dejar que la persona lo vaya procesando a su manera. Si no somos profesionales del tema, lo mejor suele ser acompañar en silencio. Hacer saber a la persona que estamos ahí y que nos gustaría apoyar. Que si necesita desahogarse, podemos quedarnos a su lado. Que llore sin sentirse juzgada. Que entendemos que se sienta de esa manera y que la queremos mucho.

Y si no sabes qué decir, mejor no decir nada, y estar ahí.

Está muy bien lo de intentar imaginarnos qué es lo que nos gustaría que nos hicieran al estar en una situación así. Es un comienzo. Pero la empatía efectiva va un paso más allá. Entendiendo que las otras personas tienen un marco de referencia diferente al nuestro, una historia de aprendizaje diferente, unas habilidades y recursos diferentes. Y darle a esa persona lo que necesite, no lo que nosotros pensábamos que necesitaba. Y no es fácil. Por eso preguntarle a la persona qué necesita suele ser mejor que asumir que podemos leerle la mente y adivinar lo que necesita. Porque no somos iguales, así que es poco probable que necesitemos lo mismo.

Dame veneno para olvidar

Las drogas han acompañado a la humanidad desde siempre. Pueden hacernos pasar un rato divertido, pero demasiadas veces acudimos a ellas como una forma de automedicarnos. Entendemos que pueden aliviar el dolor temporalmente de forma muy rápida, pero siempre hay riesgos.

Trabajo en adicciones, y he visto muchas vidas destrozadas por refugiarse en sustancias. Que las desconectaban del dolor a corto plazo de forma rápida, pero les jodían mucho más la salud física y mental a largo plazo. Además, al abusar de ellas, perdían la oportunidad de procesar el dolor de forma natural y aprender a hacer ajustes en su vida. Y, por otra parte, muchas veces la misma sustancia amplificaba el sufrimiento de la persona cuando se pasaban los efectos placenteros. Le hacía hacer cosas estúpidas de las que luego se arrepentía. Irte de copas al día siguiente de terminar una relación puede ser una mala idea, porque estás vulnerable y las drogas solo empeorarán tu miseria (a pesar de que a corto plazo pueda parecer que bloquean el dolor).

Por mi culpa, por mi culpa, por mi gran culpa

Fui a un colegio de monjas, y tengo grabados en el coco un montón de mantras católicos. Hay lecturas muy chungas y culpabilizadoras ahí.

La culpa suele ser un elemento importante cuando estamos deprimidos. Perdemos la esperanza de que las cosas puedan mejorar, y también nos machacamos por dentro recordándonos todos los errores que hemos cometido desde que nacimos. No somos felices por esto, por esto y por lo otro. Que nos merecemos las cosas malas que nos pasan. Que no valemos nada ni merecemos que nadie nos quiera. Que somos unos impostores en aquello de ser buenas personas.

La culpa es un asunto complejo de trabajar. A veces nos lanzamos a señalar otras personas y culparlas de todo lo malo que pasa en este planeta y en otros también. A veces vemos a la otra persona pasarlo mal, empatizamos y nos lanzamos a intentar quitarle la culpa de encima. Sé que hay compañeros de profesión que, cuando detectan culpa en alguna de las personas con las que trabajan, se lanzan automáticamente a intentar quitarles la culpa de encima. No digo que eso esté mal. Pero no siempre es lo más adecuado.

¿Qué porras es la culpa y que función tiene? Entiendo la culpa como una emoción desagradable que sentimos cuando percibimos que hemos roto alguna de nuestras normas personales, nuestro código moral o de honor. Sentimos culpa cuando nos damos cuenta de que hemos hecho algo que iba en contra de nuestros propios valores. Que hemos hecho algo que, según nuestras leyes personales (o las de nuestra sociedad) nos confirma como unas *malas personas*. Que nos hemos ido al lado oscuro de la Fuerza. Que la hemos cagado, vamos.

De la culpa bien procesada pueden salir cosas muy buenas. Muchas veces, es una llamada de atención y un recordatorio para cambiar nuestra dirección. Nos damos cuenta de que hemos estado siguiendo un rumbo que no nos mola nada, e intentamos reconducirlo. De la culpa podemos llegar a un «yo no quiero ser así», y cambiar nuestro estilo de vida y nuestra conducta, nuestra forma de comportarnos con los demás. También podemos pasarnos y responsabilizarnos de cosas que no dependían directamente de nosotros, asignarnos maldad cuando cometimos un error sin malas intenciones o con poca información. Podemos pasar de una culpa excesiva y disfuncional a una más moderada y manejable, que nos ayude a marcarnos objetivos de cambio coherentes con nuestros valores o el tipo de mundo que nos gustaría dejar a nuestros hijos.

No estoy diciendo que debamos sentirnos culpables constantemente. Estoy diciendo que la culpa también puede ser una emoción funcional y positiva en ciertas situaciones. Y darnos tiempo para procesarla puede ayudarnos a aprender cosas. Hay ocasiones en que la culpa por algo grave se nos queda para toda la vida. Aprender a sostenerla con dignidad no es fácil. Podemos llegar a perdonarnos por la cagada y comprometernos a hacer cambios para no permitir que se vuelva a repetir la misma falta. La cosa es no ahogarnos en la culpa de forma que nos paralice. OK, creo que la he cagado. ¿Puedo arreglarlo? ¿A quién he hecho daño con mis acciones? ¿Y si le pido disculpas? ¿Qué puedo hacer de ahora en adelante para que no se vuelva a repetir aquello?

¿El tiempo lo cura todo?

Dicen que el tiempo lo cura todo. Y ojalá fuera así. Pero no lo creo. Lo que cura es lo que hacemos en ese tiempo. Si tienes un problema de cualquier tipo, puedes dejar pasar el tiempo de varias formas. Algunas empeorarán el problema. Y otras pocas ayudarán a mejorar. Pero la mayoría de la gente se queda sentada esperando a que todo vuelva a su cauce de manera natural (eso es pensamiento mágico, *baby*; las cosas nunca vuelven a ser como antes).

He conocido a personas que han esperado tanto para resolver un problema que el problema se ha hecho tan grande que ya ni lo veían. Creció tanto que ya no las dejaba ver ni la habitación.

Llega un momento en que piensas que lo que ves forma parte de la habitación. Es decir, *normalizas* el problema. Y ya te atascas y dejas de verlo como un problema. Veo esto a diario en muchísimos casos que la gente me trae a terapia.

Por ello, es importante que no te consueles con frases facilonas como «el tiempo lo cura todo». El tiempo no cura una mierda. Pero si haces algo productivo e inteligente con ese tiempo, puedes avanzar muchísimo. Para eso es necesario entender cómo funciona la conducta humana (no, no funciona a base de desbloquear traumas sexuales ocultos del pasado como decía Freud, aunque sus mensajes hayan calado en la memoria colectiva). Entender cómo funciona tu conducta en el presente y actuar sobre la verdadera causa del problema. Dos factores que hay que tener en cuenta:

- Tu conducta (lo que haces o dejas de hacer).
- El contexto (sí, el contexto se puede cambiar a veces).

Pero para llegar aquí, necesitas entender cómo está funcionando tu problema en el presente.

Aprendió a nadar en la mierda

Hace tiempo alguien me hablaba de sus padres en terapia. Me decía que flipaba que con casi cuarenta años iba a vivir la separación de sus padres, que ya la pillaban un poco mayor, y se reía. Le parecía una broma de esas raras de la vida. También me contó que su padre era un auténtico personaje. Ella lo definía como un auténtico psicópata. Mentiroso compulsivo. Años y años siendo infiel y desapareciendo sin explicación. Que vaya infancia le dio a ella, y menudo matrimonio le dio a su madre. Que se alegraba de que se separasen, aunque fuese con más de sesenta años. Le daba la impresión de que su madre había tenido una vida tan tan mala que se había acostumbrado a nadar en la mierda. Aguantó tanto tanto tiempo esa mierda de matrimonio que se acostumbró, lo normalizó.

Probablemente, pensó muchas veces en separarse, pero el contexto no se lo ponía fácil (mujer ama de casa sin recursos en una sociedad profundamente machista, y habiendo convivido con una persona muy manipuladora que seguro que la hizo sentir culpable de todo lo que iba mal en su vida, y pensando que sin un hombre no sería capaz de levantar cabeza por sí sola).

A veces soportamos cosas horribles durante tanto tiempo que las normalizamos y ya damos por sentado que así es la vida, que es lo que nos toca, y punto. Es como cuando fumas. Hueles fatal, apestas, es una realidad objetiva como que el agua moja. Pero llega un momento en que dejas de notar la peste a tabaco o a porro. Lo mismo pasa cuando nadas mucho tiempo en la mierda, que tus sensores olfativos se jubilan y se te olvida que estás con la mierda hasta el cuello. Pero sigues mal. Nos alegramos por su madre, que había tomado una decisión que sí que iba a cambiarle la vida para bien. ¿Tú también piensas que te has pasado la vida nadando en algún charco de mierda?

Mírate al espejo

La tristeza puede ser muy jodida. Y no tiene nada de malo que busquemos formas de aliviarnos. Poco a poco y dándonos nuestro tiempo. Pero al igual que el miedo, llega un momento en que tendremos que encontrar la manera de afrontar. Hablar con alguien de lo que sentimos, escribir sobre ello. Darle forma, verbalizarlo. Poner las cosas en orden y averiguar qué necesitamos para ajustarnos a la nueva situación. La tristeza suele tener mucho de aferrarnos a lo que teníamos en el pasado, que nos parece mucho mejor que lo que tenemos en el presente. Reconocer y aceptar que las cosas han cambiado es un buen primer paso. Poner cierta distancia y empezar a mirar hacia delante, al menos al futuro más inmediato. A veces nos quedamos atascados porque no hemos tenido tiempo de despedirnos como toca.

A algunas personas dicen que les va bien eso de escribir una carta y después quemarla, romper los trozos y que se los lleve el viento, esas cosas. Son ejemplos supercursis, lo sé. Haz lo que tenga significado para ti. Pero si tienes ganas de llorar, déjate llorar. Y no te exijas avanzar al mismo ritmo que otras personas, no. Meterte prisa para dejar de sentir tristeza es lo más efectivo si lo que quieres es terminar rompiéndote.

7

EN ELOGIO DEL CABREO

> Normalmente, cuando la gente está triste, no hace nada. Solo llorar sobre su condición. Pero cuando se enfada, provoca un cambio.
>
> MALCOLM X

No seas enfadica

Me estoy acordando de una ex que cada vez que me quejaba de algo que en mi opinión no estuviese bien o no me gustase, me decía: «No seas enfadica». No lo decía a malas; era buena chica. Esa frase la usaba con los niños pequeños (era profe) cuando se enfadaban mucho por algo. Me molestaba un poquito que me tratase igual que a los niños, qué se le va a hacer. :)

Si estamos de buen humor, nos molesta que otras personas estén cabreadas. Sobre todo si están enfadadas con nosotros. Es natural que intentemos desenfadar a los demás. La mayoría no lo hace con mala intención. Entendemos que enfadarse es desagradable para el que tiene el cabreo y para los de alrededor. Así que hemos aprendido a penalizar ciertas reacciones.

Luego están los gurús y tiranos de la felicidad, que quieren que estemos siempre con una sonrisa falsa en la cara y no nos quejemos de nada (sobre todo cuando nos quejamos de su mala praxis o sus intentos de esclavizarnos).

¡No es justo!

El enfado es otra emoción natural y necesaria en muchos momentos. Suele activarse cuando estamos en situaciones que interpretamos como injustas o abusivas. Es la reacción natural de lucha (puede ser física o muy verbal). Imagínate que eres un cazador-recolector de esos de hace miles de años. Vuelves al campamento después de recoger bayas y cazar un par de conejos. Ves a todo el mundo alterado, gente llorando. Te lo cuentan:

un depredador con dientes grandes se ha acercado y se ha comido a un niño. Coges la lanza más grande que tienes, organizas al grupo y volvéis al bosque para encontrar a ese bicho y vengaros. Tenéis sed de sangre y ganas de guerra.

El cabreo puede tomar muchas formas diferentes dependiendo de la situación y de nuestra interpretación sobre lo que haya pasado. En el nivel más básico, entiendo el enfado como esa reacción frente a cosas que nos parecen injustas. Que no deberían ocurrir, que no deberían estar permitidas. Maldito tigre dientes de sable, que se ha comido a mi sobrino Venancio. Se merece un castigo. Sin duda, lo va a pagar caro. Ojo por ojo, diente por diente. Pero al final todos los enfados son frustración, de una forma o de otra. Frustración al ver que la realidad no coincide con nuestras expectativas sobre cómo deberían ser las cosas, sobre lo que merecemos, sobre lo que es bueno y puro.

¿Enfadarse está muy feo?

¿Enfadarse está mal? Pues depende. Sentir enfado, en sí mismo, no. Es natural sentir frustración ante ciertas situaciones que nos lanza la vida. Lo que puede estar mal es la forma de expresar ese enfado, dependiendo de las circunstancias.

Quiero que entiendas una cosa: sentir enfado no es lo mismo que expresarlo o responder a él. Sentir enfado y cabreo por las injusticias sociales es natural y hasta sano para la sociedad. Porque si nadie se enfadara nunca, seguiríamos trabajando catorce horas diarias, las mujeres no podrían votar y ser homosexual seguiría viéndose como una enfermedad mental (por si acaso: no, no lo es).

Imagínate que tienes un niño, te pide helado para merendar y le dices que no. Pues es normal que se moleste. Le gusta mucho el helado, y su conocimiento sobre nutrición y patrones sanos de alimentación es limitado. ¿Por qué no puede comer helado todos los días? No cabe en su cabeza. Se molesta y lo dice. Y eso no está mal. Porque abre la veda para que sus padres le expliquen despacio y acorde a su edad por qué no le van a dejar comer helado todos los días. Y probablemente tampoco lo entenderá hasta que tenga cuarenta y cuatro años, pero hasta que tenga dieciocho años es responsabilidad tuya, así que haz lo que puedas.

Otra cosa sería si el niño empezase a gritar, a romper cosas y a insultarnos esperando que le demos un helado. Pues no, la rabieta no es forma de resolver el enfado, y no debemos premiarla ni fomentarla. Como cedas a sus amenazas y le des helado, la has cagado, porque entenderá que eso funciona, y lo hará más a menudo. Cada vez que le apetezca helado (que será a menudo) te montará una pataleta de escándalo, con el tiempo parecerán escenas de algún episodio de *Hermano mayor*. Y la responsabilidad no será del crío, sino de los adultos a su cargo, que fueron reforzando las formas equivocadas de reaccionar a la frustración.

Te aconsejo que te quites de la cabeza aquello de que enfadarse está mal. Sentir enfado ante situaciones que consideramos injustas es natural y bastante útil. Lo problemático pueden ser algunas cosas que hagamos dejándonos llevar por el enfado y la impulsividad o las idas de olla. Eso es otra cosa.

Sentir enfado ≠ Conducta agresiva

Te va a explotar la cabeza

En la peli de *Inside Out* (*Del revés*) también me gustó mucho cómo caracterizaron al personaje de Enfado. Cuando se cabreaba mucho, le salía fuego de la cabeza, como un volcán. Pura genialidad.

Hay personas que se guardan mucho el enfado porque las han educado para creer que enfadarse está mal en sí mismo. Que no hay que quejarse nunca, que hay que aguantarlo todo. He conocido a muchísima gente que había vivido toda su vida comiéndose los enfados, guardándoselos muy adentro. Al final toda esa insatisfacción acababa saliendo por algún lado. Tal vez en forma de ansiedad. Tal vez en forma de tristeza (sentirse indefensos ante las injusticias de la vida). Tal vez en forma de cabreos monumentales y desproporcionados para la situación (te explota la cabeza como un volcán).

Comernos los enfados no solo hace que acumulemos mucho más estrés y nos jodamos la salud a largo plazo. Es que también nos impide arreglar las cosas. Si no nos quejamos, ¿cómo van a cambiar las cosas a nuestro alrededor? Expresar nuestro enfado es expresar nuestras necesidades y poner límites. Hacerlo en su justa medida es clave. Pero no siempre es fácil.

Para cerrar, me gustaría rescatar una frase de Aristóteles que siempre me ha molado mucho:

Enfadarse es fácil. Pero enfadarse con la persona adecuada en el grado exacto, en el momento oportuno, con el propósito justo y del modo correcto, eso sí que es difícil.

Romper cosas no arregla las cosas

Hay gente por ahí muy obsesionada con la catarsis. Parte de la idea de que para liberarnos del enfado y la rabia, debemos ir a los extremos y descargar todo nuestro cabreo a base de gritos, romper cosas, lo que sea.

Hace años estuve metido en sectas hippies de desarrollo personal con muy poca idea sobre salud mental. Cada vez que alguien insinuaba mínimamente que estuviese molesto con alguien de su pasado, le plantaban un cojín delante (a veces un colchón entero que sujetaban otras personas) y le animaban a gritarle y pegarle de hostias hasta desahogarse por completo. Al final, después de todo el show, la persona se quedaba aliviada y pensando que había «sanado» algo de su interior.

Pero eso era una cagada. Lo que ocurre en esos ejercicios de catarsis es que se asume que la gente tiene que «soltar» la rabia mediante conductas agresivas y violencia verbal o física. Encima, el facilitador y el resto del grupo están reforzando esas conductas violentas como la forma correcta de responder ante el enfado. ¿Y sabes lo que ocurre entonces? Que la persona tiene muchas más probabilidades de repetir esas conductas violentas en el futuro. Cada vez que tenga algún desacuerdo con la pareja, va a acordarse de lo guay que se sintió al reventar a hostias aquellos cojines mientras gritaba las ganas que tenía de matarle. Y un día se le va la olla y lo hace. Porque es lo que le han enseñado con la catarsis, a «quedarse a gusto» gritando y rompiendo cosas.

Voy a repetirlo:

Sentir enfado $\neq$ Conducta agresiva

Que sí, que hay situaciones en que la violencia en legítima defensa propia nos puede salvar la vida, eso es obvio. Pero en la grandísima mayoría de las situaciones del día a día, la gente tira de la violencia (física o verbal) para intentar solucionar problemas que no han sabido resolver con diálogo y comprensión. Y además han creado muchos más problemas por el camino.

Y aprovecho para cerrar con una cita del gran

Isaac Asimov: «La violencia es el último recurso del incompetente».

Me llamo Íñigo Montoya

Para entender cómo funciona el enfado hay que entender la venganza. La dulce dulce dulce venganza.

Cuando estamos cabreados, solemos enfadarnos con algo o alguien. Con nuestra pareja. Con nuestros padres. Con el clima. Con el gobierno. Con el banco. Con el casero. Con el jefe, con los empleados. Con nosotros mismos. Y con el miedo pasa igual. Si hablamos de miedo, ese miedo siempre está dirigido a alguna situación (real o imaginada). Con el enfado ocurre lo mismo, nos enfadamos con alguien o algo, por haber roto alguna norma.

La venganza busca joder al otro para intentar restituir el «orden natural» de las cosas. Tiene que ver con nuestro sentido de justicia. Obviamente, esto siempre es subjetivo. ¿Qué es justo?

¿Qué es injusto? Tú y yo estaremos de acuerdo algunas veces y otras no.

La cosa es que, cuando estamos enfadados, solemos vernos como las víctimas de alguna injusticia, de acuerdo con el apartado de Leyes y Normas del Mundo que tenemos grabado en nuestra cabeza, en función de nuestras experiencias y aprendizajes a lo largo de la vida.

Pero al final se resume a esto: equilibrio. Hasta los niños pequeños pueden comprender esto a nivel intuitivo. Deducen enseguida que si otro niño les pega o les roba un juguete, ellos *tienen derecho* a pegarle o recuperar el juguete o a robar otro de igual valor (o superior). La venganza es mucho más dulce si percibimos que hemos jodido al otro más de lo que nos ha jodido a nosotros. Por si acaso. Para que aprenda a no tocarnos los cataplines otra vez.

Cuando estamos enfadados, interpretamos un papel importantísimo en el gran teatro de nuestra cabeza. Somos el héroe. Restituimos el orden, castigamos a los malos, servimos al ideal de la justicia. Somos las víctimas de un agravio, de un abuso, y estamos justificados en cargarnos al malo y a todos sus secuaces. Siempre me hace gracia cuando el personaje de una película busca venganza por la muerte de un ser querido, pero se carga al malo, a su familia y a sus doscientos esbirros. Y se queda tan pancho, creyéndose el héroe. Aparta, somos los Vengadores.

Los típicos esbirros que solo hacen bulto en las películas, sus flechas y balas casi nunca dan al blanco, sus armaduras son de papel porque mueren de un solo roce y a veces sin que los toquen. Son los orcos y Stormtroopers de la vida. Son torpes y han nacido para perder. Lo normal sería que ahora las familias y los amigos de los esbirros busquen al protagonista para cobrarse su justa venganza. Que se ha pasado.

En nuestra cabeza, siempre somos los héroes y los justos. Cuando vemos la oportunidad para vengarnos, nos sentimos como aquel personaje de *La princesa prometida* soltando su legendaria frase: «Hola, me llamo Íñigo Montoya. Tú mataste a mi padre. Prepárate a morir». Y la mayoría de las veces, como que no.

La venganza se disfruta mucho al momento, pero ya sabes lo que dicen. Ojo por ojo, y al final todos ciegos. Diente por diente, y los dentistas se forran. Es muy fácil olvidarnos de los sentimientos e imperfecciones de las otras personas cuando empuñamos el estandarte de la venganza y la justicia. Por eso es tan fácil, porque vemos al otro como un objeto del mal, que no sufre (y por eso tenemos que hacerle sufrir nosotros).

Strike first. Strike hard. No mercy

The Karate Kid es un peliculón legendario de los años ochenta, en el que un chaval llamado Daniel LaRusso sufre *bullying* por parte de otros adolescentes que van a una escuela de karate. LaRusso termina conociendo al señor Miyagi, un anciano que le enseña el arte del karate para defenderse de los matones. LaRusso acaba usando el karate para perseguir y acosar a los matones y cobrarse su venganza. Termina jodiéndolos mucho más de lo que le han jodido a él. Y todo el mundo le vio como el héroe de la peli, cuando en realidad se convirtió en un matón más que no utilizó el arte marcial como herramienta de defensa, sino de ataque y venganza. Al final de la peli gana el torneo regional de karate usando una patada ilegal, pero hacen la vista gorda porque es *el héroe*.

En 2018, sacaron la serie *Cobra Kai*, que tiene como protagonista a Johnny Lawrence, el líder de los matones que acosaron a LaRusso cuando eran adolescentes, pero varias décadas después, cuando ya son adultos (físicamente, mentalmente aún no). Para Lawrence, LaRusso era el verdadero matón y un absoluto capullo, y él, la auténtica víctima de una injusticia. La serie mola porque desde el principio muestra a LaRusso como un inmaduro y un pijo tontaina que se cree mucho mejor que los demás. Toma perspectiva alternativa. Al final no todo es tan blanco y negro. La serie está guay, búscala si te molan las artes marciales y las tortas en general, o la nostalgia de los ochenta.

¿Adónde voy con esto? Son ejemplos para advertirte de que tengas cuidado con la venganza.

Puede aliviar mucho a corto plazo, sí. Pero la mayoría de las veces convertimos a la otra persona en nuestra víctima, y le damos razones para querer vengarse de nosotros también. ¿Quién tiene razón? ¿Quién empezó primero? ¿Quién tiene la culpa? A mí no me preguntes, solo soy psicólogo.

¿Y qué hago si no me vengo? ¿Ponerme a meditar y perdonarlo todo y olvidarme?

Perdonar es opcional

Llevo años viendo a muchos psicólogos metiéndose en el negocio del sacerdocio. Parecen curas dando lecciones morales por aquí y por allá. Diciendo que hay que perdonar porque nos sana el alma y tal y cual. Y te voy a decir una cosa: esa superioridad moral puede traer mucho sufrimiento también.

Perdonar es muy bonito y puede estar muy bien para la salud mental, pero solo si se cumple una condición: que nazca de manera espontánea. Si te han jodido muchísimo y la gente alrededor no para de darte la tabarra con que pongas la otra mejilla y perdones, es probable que el perdón se te atragante. Es como cuando te dicen que no estés triste. No sirve si te la imponen desde fuera.

Perdonar no debería ser una obligación moral. Conozco a gente a la que le han hecho putadas gordísimas. Que les han jodido la vida, abusos en la infancia, cosas horribles e inimaginables. Y cuando han conseguido abrirse en la consulta de un psicólogo y hablar de su dolor, van y les sueltan que tienen que perdonar a sus padres por haberlos violado. No me jodas. ¿Qué clase de monstruo sin corazón va soltando esas cosas? No me seáis *zenutrios*. No puedes ir imponiendo esas cosas por ahí. Si sientes que te han jodido muchísimo, que te han pisoteado y tratado como a un trapo, no tienes por qué perdonar. Tienes derecho a odiar. Tienes derecho a legitimarte como víctima de una injusticia. Tienes derecho a no volver a tener contacto con esas personas, si así lo quieres. Y también tienes derecho a intentar buscar una reconciliación o una convivencia pacífica. Lo que te nazca y necesites según tu proceso. Pero no te fuerces a perdonar si no lo sientes.

Reivindiquemos nuestro derecho a odiar a quien ha abusado de nosotros. Eso también es autocuidado, porque nos legitima como víctimas de una situación injusta, y desde ahí podemos dar pasos para marcar límites más claros y parar los pies a la peña. Intenta perdonar, pero, si no te sale, no te fuerces. Puedes intentar hacer un acercamiento o reconciliación a medias, dejando claro que no has perdonado aún y que va a haber condiciones, que vuestra relación va a ser diferente. Perdonar no es olvidar ni hacernos los tontos.

Me estoy acordando de las personas que han sufrido una infidelidad en su relación. Eso es muy duro de arreglar. Pero se puede. No siempre, pero se puede. Pero NO es obligatorio. Hay parejas que han conseguido superarlo y hacer la relación más fuerte y placentera para ambas partes. Y otras veces el dolor y la sensación de traición han sido tan insoportables que fingir un falso perdón por compromiso ha terminado haciendo que la relación implosionase más tarde.

Y que lo pagasen los niños, justo los que no tienen culpa de nada. Quédate con esto: un divorcio a tiempo salva muchas infancias. Y relaciones también. Porque en lugar de ser dos personas miserables fingiendo ser una pareja feliz, son dos exparejas con una relación cordial que se coordinan bien para criar a los hijos que tienen en común, mientras cada uno disfruta de su vida por su lado. Ese tipo de relación es mucho mejor que la mayoría de los matrimonios rotos que intentan mantenerse pegados con chicle.

Y ahora pongámonos en el otro lado. Hemos cometido un error garrafal y hemos jodido a otra persona. Con intención o sin querer, da igual. La cosa es que la otra persona no está obligada a perdonarnos, aunque le pidamos perdón. Sé que jode, pero es así. Igual necesita tiempo para terminar de procesar lo que ha pasado. Probablemente aprecie que le hayamos pedido disculpas y hayamos admitido nuestro error. Aun así, igual necesita más tiempo. Pero no podemos pretender que nos perdone inmediatamente o se olvide de lo que ha pasado. Nos toca cargar con esa culpa un tiempo.

La confianza es como un plato que se te cae al suelo y se rompe. Puedes intentar arreglarlo y pegar los trocitos con pegamento. Pero van a quedar las marcas. Te guste o no, ese plato no va a quedar igual. Si empiezas a tratarlo bien, podrás seguir disfrutando de unas buenas lentejas durante años. Pero igual igual igual no va a quedar. Lo siento.

Voy a repetirlo: el perdón es maravilloso, pero solo si llega de forma espontánea. Si nos lo imponen desde fuera por mojigatería moral, es probable que se nos atragante (aún más) el sufrimiento.

¡Indignaos!

El enfado bien canalizado puede ser una fuente de energía casi inagotable. Hay gente que conecta con la rabia que siente y la utiliza como gasolina para sacar adelante las cosas. Eso es la hostia.

No voy a entrar en muchos detalles de mi vida personal, pero yo saqué mi negocio adelante a base de rabia y mala leche. La canalizaba en trabajar, apretar los dientes, luchar. El enfado es probablemente mi emoción básica favorita, porque bien usada y redirigida puede ayudarnos a hacer cosas maravillosas. Dicen por ahí que la mejor venganza es que te vayan bien las cosas. Toma ya.

Puedes usar tu enfado para motivarte a defender mejor tus necesidades y tus límites. Puedes usar tu enfado para protegerte de abusos e injusticias, propulsar el cambio social, etc. Eso sí que es autocuidado y no matarte a meditar.

Cuando una mujer maltratada decide coger el teléfono y llamar a la policía, muchas veces es por pura rabia con lo que está pasando. Rabia de haber sido tratada como una mierda durante años, rabia de que los niños se hayan ido a la cama con miedo tantas noches. No va a dejar que ese cerdo vuelva a ponerle un dedo encima, y va a luchar para salir adelante con su vida y permitir que el peso de la justicia caiga sobre su maltratador. La rabia es el combustible del empoderamiento.

Cuando un sector de la sociedad está harto de la corrupción o del mangoneo del gobierno, usa la rabia para salir a la calle a protestar, a hacer huelgas, a presionar para que cambien las cosas.

Las manifestaciones más pacíficas están impulsadas por un enfado canalizado de forma sana y funcional de acuerdo con las circunstancias. El cambio social viene del enfado y la frustración, de no estar dispuestos a seguir tragando mierda.

Mahatma Gandhi es recordado como un héroe y un precursor de la resistencia no violenta. Hace unos años me leí su autobiografía. Me pareció un hombre ultracabreado, de todo menos tranquilo (también era bastante misógino y racista, aunque ese es otro tema). Pero canalizó su rabia de forma que inspiró a muchísimas personas a luchar por algo mejor de forma diferente, así como expresar su rabia de una forma muy digna (y efectiva).

Lo interesante es conocer estos *tips* generales para apañarnos mejor con el enfado:

- Pregúntate por qué estás enfadada. ¿Cuál es la regla o ley que no se ha respetado, desde tu perspectiva?
- ¿Crees que la otra o las otras personas lo ven igual que tú? Intenta imaginarte en los zapa-

tos de la otra parte. O, mejor aún, ¡pregúntales cómo se sienten y qué opinan! Preguntar siempre es mejor que intentar adivinar y asumir cosas.

- Respira y cuenta hasta diez. Lo peor del enfado sale cuando nos dejamos llevar por la impulsividad y hacemos la primera chorrada que nos viene a la cabeza. Si estás muy caliente (de rabia, no de deseo sexual), espérate. Date un paseo, sal a tomar el aire, date tiempo para reflexionar sobre lo que quieres decir. Cuando estés un poco más tranquila, lo habláis.

- Si buscas una reconciliación o un acercamiento, pregúntate primero qué es lo que os une. ¿Qué tenéis en común? ¿Qué valores compartís?

- Explícale a la otra persona cómo te sientes y cómo te han afectado sus acciones. No des por sentado que lo sabe, porque todos vivimos en nuestro mundo. Es mejor asumir desde el principio que la otra persona nos hizo daño sin darse cuenta o sin mala intención. Así no se sentirá tan acusada, no se pondrá tan a la defensiva y será más fácil dialogar de forma civilizada.

- Deja claro qué conductas son las que te han hecho daño (qué ha dicho o hecho la otra persona, y cómo te ha hecho sentir). Haz peticiones de cambio específicas. Por ejemplo: «Me gustaría que pasaras más tiempo con los niños los fines de semana, porque si me tengo que encargar también de las cosas de la casa, no doy abasto, me agobio y me cuesta mucho más disfrutar. Te lo agradecería mucho».

- Que no sea un monólogo. De verdad, pregúntale cómo se siente con el tema, muestra interés por entenderle mejor y hacerle sentir comprendido. Es posible que no acceda a tu primera petición de cambio y os toque negociar un poco hasta llegar a un acuerdo. También podéis llegar a la conclusión de que no sabéis cómo llegar a un acuerdo satisfactorio para ambas partes, esa también es una opción.

- No hables solamente de tu libro. Ayuda a la otra persona a entender por qué hacer lo que le pides también tendrá consecuencias positivas para ella. Por ejemplo: «Si te responsabilizas más de las cosas de casa, estaré menos agobiada y disfrutaremos más del tiempo juntos. Probablemente follemos más (y mejor)».

- Si tienes cabreo con una persona que no está contigo, también puedes escribir una carta. Ahí te desahogas, te permites soltar todo el veneno. La carta es para ti, no se la envías a nadie (si quieres, puedes leérsela a tu psicóloga). Luego, la tiras, la quemas, lo que quieras. Pero busca alguna manera de verbalizar tus pensamientos y darle forma. Te facilitará lo de decidir cuáles son los siguientes pasos, según la situación.

8

LA MALDICIÓN DEL PERFECCIONISMO

No tengas miedo de la perfección,
nunca la alcanzarás.

SALVADOR DALÍ

Superman llora por las noches

De todos los superhéroes, Superman siempre me
pareció el más soso. Todo perfecto. Ser tan fuerte e
invencible siempre me pareció aburridísimo. Pero
Superman tenía una debilidad, y no era la kryptonita. Era su soledad. Era el único que quedaba de
su planeta y estaba condenado a ser un bicho raro
el resto de su existencia. Eso sí que es jodido de
llevar. Debajo de toda la invencibilidad de un tío
que podía freírte con una mirada láser o que era
más rápido que el sonido, Clark Kent lloraba por
las noches porque cargaba con demasiado peso.

Superhéroes aparte, el exceso de perfeccionismo es una verdadera enfermedad que nos amarga la vida a pasos agigantados. A lo largo de este capítulo voy a explorar algunas de las aristas del tema del perfeccionismo, la autoexigencia, la identidad y aquello de aceptarnos a nosotros mismos (o no).

Tu mejor versión es tu peor versión

Se da mucho por culo con la idea de «ser nuestra mejor versión», y no sé tú, pero a mí pensar eso me da ansiedad. Pensar constantemente en cómo alcanzar esa mejor versión de los huevos suele esconder una idea bastante dolorosa: que no somos suficientes, que siempre hay algo malo o negativo en nosotros que necesitamos corregir lo antes posible. Ojo, no estoy diciendo que no debamos esforzarnos para mejorar, aprender, ir limando nuestras aristas. El problema es cuando nos obsesionamos con esa idea de la automejora continua, solemos caer en el exceso de autoexigencia y en el perfeccionismo diabólico.

La ambición es maravillosa. Ponernos metas que nos ilusionen y esforzarnos por las cosas es esencial para avanzar en la vida (y un poquito de suerte tampoco viene mal). Pero veo demasiado a menudo a personas que sufren mucho porque se ven casi como despojos humanos, se sienten débiles, se comparan constantemente con los demás, con los egos inalcanzables que pueblan las redes sociales y las charlas de motivación.

Muchas personas viven su vida como si fuesen la rata en la rueda que, por mucho que corra, nunca llega a ningún lado. El problema suele ser que la gente se empeña en perseguir cosas que son inalcanzables, o que están demasiado lejos por el momento. Y aunque las cosas les estén yendo moderadamente bien y se estén apañando bastante bien con las hostias que les lanza la vida, se sienten desgraciadas porque piensan que deberían tener más y ser más.

Lo repito: la ambición está muy bien y es necesaria para mejorar nuestra calidad de vida, pero, si nos pasamos de la raya, caemos en la trampa del perfeccionismo diabólico. Y cuando caemos ahí, nada de lo que hacemos nos parece suficiente. Podemos pasarnos meses y meses entrenando para un torneo de artes marciales, quedar terceros y llevarnos la medalla de bronce, pero sentirnos como unos *losers* porque no hemos sido los putos mejores. He visto a gente llorar por sacar un 8,9 en un examen. Fíjate hasta dónde puede llegar nuestra distorsión de la realidad, lo injustos que podemos llegar ser con nosotros mismos.

Cuando el perfeccionismo controla tu vida, raramente alcanzas la satisfacción. Porque el listón está tan alto que cualquier cosa que consigas te sabe a poco. Mides casi todos tus éxitos comparándolos con ese estándar de referencia. Tienes metido en la cabeza que el mínimo es el 10. No puedes permitirte fallos, lo que te mantiene en un estado de alerta y estrés prácticamente constante, con el desgaste psicológico (y físico) que eso conlleva. Recuérdalo, Superman era muy perfecto, pero el tipo más solitario de la galaxia.

Tienes celulitis

Sigo a muchos nutricionistas y gente de deportes por internet. Y se llevan las manos a la cabeza con ciertas campañas de marketing de cremas y demás mejunjes que prometen hacer desaparecer la celulitis (en realidad hacen desaparecer tu dinero, atacando a tu frágil autoestima). Muchas mujeres sufren una barbaridad con ese tema, porque se les transmite que es un rasgo corporal que deben esforzarse en eliminar lo antes posible, y se embarcan en odiseas de por vida (también he visto a adolescentes ponerse crema antiarrugas, fíjate hasta dónde nos ha metido inseguridades la industria cosmética).

Aceptar nuestras imperfecciones es una de las cosas más difíciles de la vida, sobre todo si nos han educado para que nos odiemos a nosotros mismos por no tener el cuerpazo de los pijos de Hollywood. Vivir en guerra con nuestras arrugas o nuestra celulitis es una receta perfecta para sentirnos inferiores y en constante tensión por cambiar cosas que no dependen de nosotros.

Me estoy acordando de una mujer con la que

trabajé hace tiempo en terapia. Pongamos que se llama Mariana. Tanto ella como su hija tenían diabetes (de la hereditaria). Mariana llevaba toda su vida apañándose con las exigencias de la diabetes. Desde pequeña había aprendido a cuidarse, poner atención en lo que comía, su estilo de vida, etc. Aceptaba su condición, se había adaptado, vivía con ella. Pero su hija era otro tema. Era joven, acababa de entrar en la universidad, pero había tenido «sustos» con la diabetes por haberse descuidado demasiado. Mariana sufría mucho porque su hija se había puesto en peligro varias veces por no respetar pautas básicas que ella conocía de sobra (o debería, había lidiado con la diabetes toda su vida). Pero la hija de Mariana no terminaba de aceptar su condición. Odiaba tener que ir con cuidado de lo que comía y lo que no cuando salía con sus amigos. Los envidiaba e intentaba comportarse como ellos, y rozaba sus límites a menudo. También sufría mucho por sentirse la rara del grupo, la que no podía comer lo que le diese la gana ni inflarse a galletas cuando le apeteciera, como hacían sus mejores amigas.

La hija de Mariana sufría mucho, en parte porque no terminaba de aceptar que tenía límites y necesidades diferentes de los de los demás. Y esto la ponía en peligro a veces. Encima, cada vez que Mariana intentaba tener una conversación sobre el tema con su hija, esta empezaba a gritarle que la dejara en paz y que ella haría lo que quisiera con su vida, que ya era mayorcita para que su madre estuviese vigilándola. Mariana le contestaba que se sentía en la obligación de vigilarla y cuidarla porque ella no cuidaba de sí misma. Te puedes imaginar lo difícil que estaba siendo convivir.

En la vida les pasan cosas malas también a las buenas personas, y a veces nos lanza putadas enormes, como tener que lidiar con una enfermedad o condición seria desde muy pequeños. Negar el problema nos alivia a corto plazo, pero lo empeora con el tiempo. Aceptar las cartas que nos han tocado es el primer paso para pensar estrategias e intentar sacarles el mejor partido. Hay cosas contra las que no podemos luchar, y admitirlo puede ser un gran paso para aliviar nuestro sufrimiento y encontrar la manera de convivir con nosotros mismos.

La hija de Mariana intentaba ser como sus amigos, en lugar de aceptar quién era ella. Conozco a personas con situaciones parecidas. Por ejemplo, gente que se hace mayor y no termina de aceptar que ya no es la misma persona que a sus veinte. O gente que va al médico por unas molestias de estómago que han ido empeorando con el tiempo, y le dicen con treinta y cinco años que es celíaca y que tiene que empezar a comer de manera muy diferente. Seguro que a ti también se te ocurren un millón de ejemplos diferentes.

La autenticidad no existe

Circula por internet una viñeta muy chula en la que salen dos personas y una dice: «Cuanto más intento ser *yo misma*, menos le gusto a la gente». Me hace gracia porque es verdad. No podemos decidir ser nosotros mismos. Por definición, es algo que no se puede forzar. Los gurús se llenan la boca diciendo que tenemos que ser más auténticos, cuando eso solo significa una cosa: esfuérzate en parecer esa persona que crees que deberías ser.

Si alguien te dice que seas más auténtico, cualquier cosa que hagas justo después será de todo menos auténtica. ¿Qué porras significa eso de la autenticidad? En los años que me pasé metido en grupos de estos de *zenutrios* entendí que la mayoría de las veces se referían a «ser espontáneos y hacer o decir lo que nos salga del coño en cada momento».

Con la manida autenticidad se mezclaban también otras expresiones que sonaban muy bien, como «honestidad radical» o «espontaneidad» o «ser tú mismo», que en realidad promovían que nos comportásemos como auténticos gilipollas. Ir haciendo o diciendo lo que te dé la gana sin pensar no es autenticidad. Probablemente, sea inmadurez, irresponsabilidad, inestabilidad emocional, falta de empatía, falta de autocontrol, dejar que el niñato interior campe a sus anchas por el mundo de los adultos.

Y, además, si te comportas de manera más «auténtica» después de que te lo diga otro lerdo, ¿estás siendo auténtico? No, estás siendo un borrego. Y el peor de todos, porque los borregos más peligrosos son los que de verdad se creen que son *libres*.

Al final, cuando intentamos ser auténticos, nos comportamos como niñatos irresponsables o hacemos lo que pensamos que otros quieren ver en nosotros. Nos comportamos como unos falsos, como unos *influencers* cutres. Porque la «autenticidad» también es una máscara, una pose que esperamos que nos haga parecer más guais. Es como el ejemplo del rebelde sin causa, que solo es rebelde por aparentar y llamar la atención, no porque defienda algún valor o convicción.

Hazme un favor y deja de intentar ser auténtica, que se te nota a leguas que sí que te importa mucho lo que piensen los demás (y eres esclava del perfeccionismo diabólico).

Querer ser otro

El perfeccionismo diabólico también afecta a muchas relaciones, en las que una de las partes (a menudo las dos) pone al otro en un pedestal, sintiéndose inferior. Me estoy acordando de Pablo (un chaval con el que trabajé en terapia un tiempo), que llevaba muchos meses atascado con la ruptura de una relación que duró apenas tres o cuatro meses, porque se sentía extremadamente inferior a la otra. Ella le parecía perfecta, divertida, ultrainteligente, extrovertida y sociable, guapísima, con un culazo, hacía deporte, tenía una disciplina de hierro con lo que comía. Y él se sentía un mindundi, un fracasado, un *loser*, un pringao. Pablo estaba en una posición de inferioridad, pensaba que esa chica estuvo un tiempo con él por pena, y que jamás en la vida volvería a enrollarse con alguien así. En su cabeza era cien por cien culpa suya que la relación no hubiera llegado más lejos. Estaba obsesionado con todas sus imperfecciones y las cosas que creía que hacía mal. Podía enumerarme infinitas razones por las que no *merecía* tener una relación con una persona como ella.

Así que le pedí que cambiase las tornas y que hiciera una lista de las imperfecciones de su ex. ¿Qué cosas le daban rabia de ella? ¿Era siempre tan perfecta? ¿Qué cosas le molestaban a veces? ¿Caminaba sobre las aguas y nunca le cagaban las palomas encima? ¿Qué responsabilidad podía tener ella también en la ruptura? ¿Qué cosas buenas podía tener que ya no estuviera con una persona así?

Echar mierda sobre los demás puede parecer feo, pero nos alivia mucho y puede ayudarnos a equilibrar las cosas en nuestra cabeza cuando vivimos con un encuadre injusto. Poner las cosas en perspectiva. Porque es muy duro vivir en una relación desigual en la que nos sentimos inferiores y en deuda con la otra persona por regalarnos su atención y su compañía. No se puede construir una relación sana así. Además, si la chica se pasaba el día criticándole y señalándole las cosas que (según ella) él tenía que mejorar, ¿para qué estar con él? Probablemente, cortar fue lo mejor, porque ella le pedía que fuese otra persona diferente. Ella quería un maniquí de esos de los escaparates de las tiendas de ropa, que parecen perfectos (aunque a veces les falta la cabeza, ja, ja).

El perfeccionismo es tratar de ser otra persona, sin aceptar nuestras particularidades y limitaciones.

Quizás, quizás, quizás

Otro efecto del perfeccionismo diabólico es la mala tolerancia a la duda y la incertidumbre. Son desagradables, las miremos como las miremos. No saber algo puede ser muy peligroso en la jungla, por eso hemos aprendido a buscar certezas y garantías que nos aporten más seguridad a nivel psicológico.

Hay gente que dice que le mola el riesgo, están enganchadísimos a la adrenalina, igual que aquel escalador sin cuerda. Pero eso será solo en algunos ámbitos de su vida. Nadie se comporta igual en absolutamente todas las situaciones. Nos vamos ajustando según el contexto (y muchos problemas psicológicos vienen cuando nos comportamos de manera demasiado rígida en situaciones que no tocan).

En esos deportes extremos en que buscamos adrenalina y sentirnos al borde, claro que hay medidas de seguridad, y cierto punto de autoengaño. Por ejemplo, nuestro viejo amigo el escalador Alex Honnold. Él no se pone a escalar paredes verticales de quinientos metros sin arnés pensando que se va a matar. Lo hace convencido de que sus habilidades serán suficientes para mantenerle pegado a la pared y lejos del suelo. El que se tira en paracaídas lo hace con la creencia de que el paracaídas se va a abrir cuando tire de la anilla y de que no se desmayará de pánico antes de que le dé tiempo a usarlo. El esquiador experto se lanza colina abajo acompañado de la creencia de que sus habilidades le protegerán y de que no pasará nada raro.

Al final, nos apañamos como podemos con la duda. Ante las situaciones que no controlamos (casi todas), somos capaces de tolerar un nivel máximo de incertidumbre. Si hay demasiada, nos cagamos encima y decimos que ya otro día. Si el nivel de incertidumbre es manejable y coherente con nuestras creencias sobre nuestras habilidades, recursos y suerte, es probable que nos apuntemos.

El problema viene cuando nuestro umbral de incertidumbre es muy bajo, o exigimos demasiadas garantías de seguridad y control a la vida. Por ejemplo, en el momento en el que estoy escribiendo estas palabras, no sé si mi primer libro va a ser un éxito editorial o un fracaso absoluto. No me exijo a mí mismo que se convierta en un *best seller*, y convivo bastante bien con la posibilidad de que pase relativamente desapercibido. Hay grandes niveles de incertidumbre, pero para esta situación concreta estoy dispuesto a tolerarla. Para escalar el Everest, pues ya no, porque no tengo ni la habilidad ni las ganas. Otras personas igual sí, yo no.

¿Y qué tiene que ver la duda con el perfeccionismo? Pues mucho. Porque es muy común que nos paralicemos ante la duda (parálisis por análisis), y que pospongamos algo indefinidamente porque preferimos esperar a que lleguen las condiciones ideales (perfectas). Por ejemplo, llevo años ayudando a personas que quieren dejar el tabaco. Y me han contado cientos de veces cómo han pospuesto la decisión de intentar dejar de fumar durante varios años, varias décadas. Porque nunca les parecía buen momento. Siempre había alguna razón para intentarlo al año siguiente. Que si mucho trabajo por aquí, que si otras preocupaciones, que al niño le están saliendo los dientes, mejor hacer siete años más de terapia para buscar traumas ocultos de mi infancia y que alcance mi mejor versión, ya entonces será buen momento para dejar de fumar... Y es una lástima, porque muchas personas esperan demasiado (esperando a las condiciones «perfectas») y su salud termina empeorando hasta niveles muy serios y con finales dramáticos (y evitables).

El perfeccionismo diabólico no solo afecta a nuestra autoimagen y cómo nos comportamos con los demás, sino también a nuestra intolerancia a ciertos niveles de duda e incertidumbre, lo que nos confunde y termina haciendo que nos atasquemos en situaciones que podíamos afrontar perfectamente.

Tienes alergia al fracaso

Hace años que está de moda el discurso de que «el fracaso no existe», que es todo cuestión de actitud, y que lo que no te mata te hace más fuerte, que de todo se aprende y blablablá. Pues no. El fracaso existe. Hay apuestas que, si salen mal, nos dejan rotos, traumatizados y sin poder levantarnos. Ese discurso sobre que el fracaso no existe no nos protege contra el fracaso, nos hace más vulnerables a él. Porque intentar negarlo hace que nos pegue más fuerte cuando llega. Todos nos equivocamos. No todo depende de nuestra actitud o nuestro esfuerzo. Son esenciales, sin duda, pero también necesitamos estar en el lugar adecuado en el momento indicado y contar con el apoyo de las personas correctas. Y si nos salen mal las cosas, por supuesto que vamos a sentir frustración, amargura, vergüenza.

Aceptar el fracaso y que las cosas a veces salen mal nos preparará mucho mejor para aguantar las tormentas inesperadas, y para no ser tan duros con nosotros mismos. También nos puede ayudar a poner límites y marcar una línea roja: hay ciertos tipos de fracasos que no estamos dispuestos a soportar, y eso tal vez nos lleve a decidir que es mejor evitar ese riesgo por ahora. Que igual es un poco pronto para correr una maratón, colega. Que como te decía en otro capítulo, retirarse a tiempo a veces gana más guerras que todos los tanques del mundo.

¿Qué tiene de malo admitir que la hemos cagado? Mucho. Probablemente nos sintamos gilipollas, incluso inferiores a los demás. Puede que otras personas nos miren por encima del hombro o dejen de confiar en nosotros. Por esas y muchas más razones tenemos alergia al fracaso. Es como la kryptonita de Superman. Choca directamente contra nuestro perfeccionismo *superhEGOico*. Pensamos que admitir errores nos quitará nuestros superpoderes y dejaremos de poder lanzar rayos láser por los ojos, que la gente dejará de admirarnos mientras volamos sobre la ciudad. Por eso Spiderman siempre me gustó mucho más que Superman. Porque no ocultaba que en realidad era un pringao, como todos los demás, y solo intentaba apañarse con su vida como mejor podía.

Te propongo un ejercicio contraintuitivo: habla más a menudo de tus errores y cagadas. De cómo te esperabas una cosa, pero pasó otra. De cómo tu falta de X o tu exceso de Y te llevaron a una Z muy fea. Y que haces lo que puedes, igual has aprendido algo, o igual sigues sin tener muy claro qué porras se supone que deberías haber aprendido de ahí. E igual no pasa nada, o igual pasan muchas cosas (como vivir mucho más ligero de peso). Ya me cuentas.

Todo o nada

Dejarnos esclavizar por el deseo de perfeccionismo también puede hacer que nos rindamos mucho más deprisa. Suena paradójico, ¿no? Estoy seguro de que esto te habrá pasado alguna vez: llega el lunes, no tienes ganas de hacer ejercicio, y vives como una patata de sofá durante el resto de la semana. Solo has «fallado» el lunes, pero ya te prometes que lo volverás a intentar el próximo lunes, si total, esta semana ya has empezado mal.

Lo mismo les pasaba a muchas de las personas que he ayudado a dejar el tabaco o alguna otra droga. Tuvieron una recaída, y eso les hizo terminar de caer hasta el fondo. «Ya que he recaído, me termino de fumar el paquete». Seguro que te ha pasado también con la comida basura, has abierto una bolsa de papas, te has sentido culpable por saltarte la dieta y has decidido ir hasta el final y zamparte la bolsa entera.

Obviamente, esas situaciones son mucho más complejas, pero solo las usaba de ejemplo para que vieras el principio general que a veces nos influye: si percibimos que hemos «fallado», a veces utilizamos ese fallo para justificar irnos al extremo. A veces nos atascamos por esperar las condiciones perfectas. Si no empezamos dándolo todo, tendemos a pensar que no vale la pena empezar, y lo dejamos para otro día o para otro año o para otra vida.

Por eso me parece tan importante aprender a lidiar con los fracasos. Aceptar que los errores e imprevistos van a ocurrir, prepararnos lo mejor posible, pero empezar. Cuanto más lo complicamos en nuestra cabeza, peor. Y, ojo, que de esto sé un rato, que trabajo en adicciones. Imagínate lo doloroso que es tener una recaída cuando llevabas mucho tiempo estando bien. Siempre me aseguro de explicar a la gente que las recaídas y los tropezones son parte del camino (una parte amarga y puñetera, como las piedras tuercetobillos, las ampollas o los días lluviosos), y que es mejor hacernos a la idea de que pueden ocurrir también el primer día.

Cambios de 360°

La mayoría de las personas que se meten a hacer dietas para perder peso las abandonan o terminan ganando más peso todavía por puro efecto rebote. Tenemos mucha prisa por cambiar de talla y entrar en esos pantalones que le quedaban tan bien a aquella excompañera de clase que vimos el otro día por redes sociales.

Queremos cambiar muy rápido y construir todo de cero, sin tiempo para adaptarnos bien o procesar lo que está pasando. Nos marcamos la meta de perder cinco kilos antes de verano, nos matamos de hambre durante unas semanas para volver a hincharnos de helado para celebrar lo sanos que hemos sido (qué incoherente, ¿verdad?).

Las dietas milagrosas nos atraen mucho más que cambiar nuestros hábitos poco a poco y con cabeza porque las promesas de resultados rápidos son mucho más dulces que la amarga espera. Pero nos duele aceptar que pasar hambre para perder unos pocos kilos no sirve de mucho si cuando lo consigamos vamos a volver a los mismos malos hábitos que teníamos antes (comer mal, no hacer ejercicio, etc.).

Me acuerdo de una persona que me escribió un e-mail muy motivada, contándome cómo quería cambiar su vida de arriba abajo y que quería empezar una terapia. Me comentó una lista enorme de objetivos que tenía. Me dijo, literalmente, que quería dar a su vida un giro de 360 grados. Me hizo gracia. Si das una vuelta de 360 grados, te quedas en la misma posición en la que estabas al principio. Imagino que esa persona se refería a la expresión de «dar un giro de 180 grados», porque terminas mirando a la dirección opuesta. Me pareció gracioso porque creo que representaba perfectamente sus expectativas en ese momento: tengo mucha prisa y quiero cambiar mucho de golpe y rápido, y al final seguramente me quedaré igual que como estaba.

Cuando intentamos cambiar mucho de golpe, pueden pasar muchas cosas, casi nunca agradables. Lo más seguro es que nos quememos y hasta nos lesionemos. Me estoy acordando de un tipo que siempre había llevado una vida muy sedentaria, nunca había hecho deporte en su vida. Pues vio por internet un plan de entrenamiento de diez semanas para correr una maratón (cuarenta y dos kilómetros). Era finales de diciembre, le entró la fiebre de los propósitos de año nuevo y se lanzó a por ello. No había corrido en su vida y ya quería correr una maratón en menos de tres meses. ¿Qué le pasó? Pues lo que imaginas. El día de la carrera no llegó ni a la mitad y se rompió un ligamento o algo así. Suena a doloroso. Tuvo que dejar de correr durante un tiempo, y al año siguiente no quiso retomar lo de correr porque le daba miedo volver a lesionarse.

Pero ¿qué hubiera pasado si no se hubiera flipado tanto? ¿Y si se hubiera marcado un objetivo más terrenal, como la típica carrera popular de diez kilómetros de su pueblo? ¿Y si hubiera entrenado despacio y sin prisas? ¿Y si hubiese sido más amable consigo mismo? ¿Y si se hubiera maltratado menos? Probablemente habría disfrutado de salir a correr con frecuencia, habría dado tiempo a su cuerpo a adaptarse al deporte, habría mantenido el hábito de correr a largo plazo, y habría disfrutado de muchísimos de sus beneficios para la salud. Tal vez incluso hubiera corrido una maratón igualmente, pero más tarde.

Recuerdo que mientras nos contaba su flipada de año nuevo y le preguntábamos por qué no iba un poco más despacio antes de meterse a entrenar para una maratón, nos contestaba: «Eso es de *maricones*». Ya te imaginarás la cantidad de inseguridades y prejuicios rancios que tenía el pobre. Y cómo esas inseguridades le tenían agarrado de los huevos y le hacían hacerse daño. Eso también es perfeccionismo diabólico: decirnos a nosotros mismos que si no hacemos las cosas de una determinada manera, somos menos. Pues mira, mejor ser *maricón* y correr diez kilometritos que fliparse y joderse el ligamento por pura inseguridad.

Ese tío se empeñó en intentar ser otra persona, salió mal y se hizo daño. Y, ojo, no me alegro de su desgracia. En realidad, me dio mucha pena, porque hacer deporte me parece una de las cosas más bonitas de la vida, y me da lástima que tuviera una mala experiencia y le cogiera manía a correr. Porque era evitable (por mucho que algún flipado le convenciera de que pasar de cero a cuarenta y dos kilómetros en diez semanas era algo sano).

Únete al lado oscuro

Hay gente que vive en un mundo mental de pureza; su mente actúa de estado policial en toda regla. Son muy extremos en su deseo de controlarlo todo. Se ve muy bien en la forma en que muchas personas se relacionan con la comida.

Dice el nutricionista Julio Basulto que darle helado todos los días a un niño es negligencia, pero que no darle nunca helado es autoritarismo. Entiende que prohibirnos completamente comer ciertas cosas, por muy ultraprocesadas y poco saludables que sean, es contraproducente. Si te prohíbes comer patatas fritas, el día que te entre el antojo de comerte unas cuentas te zamparás una bolsa XL tú a solas (con toda la culpabilidad y dolor de tripa que eso conlleva).

La clave está en la moderación. Y la moderación no es comer mierda todos los días siempre que te apetezca. Es dejarnos caminar un poco por el lado oscuro y comernos una tarta de queso de vez en cuando si nos apetece, que prohibírnoslo completamente y terminar pegándonos atracones y sintiéndonos fatal por ello.

Únete al lado oscuro de la Fuerza. Déjate espacio para fallar de vez en cuando. No es tan grave faltar un día al gym o a tu cita con las zapatillas de correr. Es más importante aprender a construir un hábito equilibrado. Que no vivas tanto en los extremos que, si faltas un día al gym, ya no vuelvas en tres meses. También puedes ponerte de objetivo ir al gym entre dos y cuatro veces por semana, te permites cierta flexibilidad, en lugar de exigirte ir cinco veces y si fallas un día sentirte como si hubieras traicionado a todos tus ancestros y dejar de ir. Igual llega una semana en la que todo te va bien: no te dan sorpresas de última hora en el trabajo, hace buen tiempo y ninguno de tus hijos se pone enfermo, se alinean los astros para que hagas ejercicio cinco días. Guay, es un extra. Pero bajar tus expectativas (al menos al principio) suele ser una estrategia ganadora en la lucha contra nuestras neuras.

A lo mejor la disciplina solo funciona si somos lo suficientemente disciplinados como para descansar cuando lo necesitemos. A lo mejor comiendo de forma moderadamente sana la mayor parte del tiempo, con una pizza de vez en cuando, nos mantenemos más sanos que haciéndonos crudiveganos de golpe y porrazo sin transición y terminar cogiéndole manía a las verduras.

Únete al lado oscuro de vez en cuando, sin pasarte. Es en el exceso de control cuando nos rompemos muchas veces. ¿Te suena lo de ser flexibles como un bambú? Pues eso.

La tengo pequeña

Una vez oí hablar de un tío que la tenía pequeña (ya sabes qué). Pero el tío no lo ocultaba. Más bien al contrario. Hablaba sin cesar de lo pequeña que tenía la pilila. Bromeaba sobre ello constantemente, con la naturalidad de una persona sin complejos. Pocas personas se atreverían a hacer eso, les daría muchísima vergüenza. Curiosamente, el tío que la tenía pequeña era el que más ligaba de su grupo de amigos. Al hablar abiertamente de algo que mucha gente consideraría un defecto, transmitía muchísima seguridad en sí mismo. Además, era divertidísimo. Ese tipo de sinceridad y naturalidad transmite mucha confianza, y resulta bastante atractivo para algunas personas. El tipo afirmaba que la tenía pequeña, «pero sabía cómo usarla». Imagino que despertaba curiosidad y algunas personas querían comprobar si era cierto. ;)

¿Moraleja? Vivir con la tensión constante de esconder todos nuestros defectos es muy duro. Dejarlos a la vista y aceptarlos puede convertirlos en fortalezas. Ojo, no estoy diciendo que te pongas a hablar de todas tus intimidades con cualquiera que te cruces. Debemos preservar nuestro mundo interior y respetar nuestros límites y necesidades. Usa la cabeza. Simplemente, prueba a hablar más a las claras de ciertos fallos menores. Señala tus propias imperfecciones y utiliza el humor para reírte un poco de ti mismo. *Own it*. Nadie podrá usarlo en tu contra, porque te les habrás adelantado.

La cosa es que aceptemos lo que tenemos y

nos centremos en cómo usarlo lo mejor posible, y no tanto en ocultarlo. A lo mejor tienes un amigo que parece que lo hace todo bien, y por un lado le admiras y a veces le tienes una cierta envidia, te encantaría tener la facilidad que él tiene para salir adelante. Pero se nos olvida que cada uno tiene unas habilidades diferentes, o una historia de aprendizaje totalmente opuesta, o unos recursos inalcanzables. Por ejemplo, es muy fácil lucir cuerpazo con cincuenta años después de haber tenido tres hijos cuando tienes dinero para contratar a los mejores entrenadores personales, dietistas y gente que te cuide a los niños mientras sales a correr (y alguna cirugía para avanzar más rápido, eso tampoco quieren que lo sepas).

La gracia está en reconocer lo que tenemos y encontrar maneras creativas de sacarle partido. Uno de los mejores psicólogos que conozco (y a quien admiro) no quería ser psicólogo. Le educaron toda la vida para pensar que él tenía que ser médico. No consiguió estudiar medicina, así que entró a psicología. Y solo entonces descubrió que eso le molaba muchísimo más.

No estoy diciendo que tengas que irte al extremo y transformar todas tus debilidades en superpoderes. No todo tiene un lado bueno. A veces nos tocan cosas que, simplemente, estorban y nos hacen la vida más difícil. Por ejemplo, la chica con diabetes de la que te hablaba antes. Ni de coña la convencerás de que eso es una ventaja. Ella quería comportarse exactamente igual que sus amigos y no sentirse diferente. Pero aceptar que eso es parte de su equipaje era clave para encontrar la manera de disfrutar de su vida al máximo.

Cómo salir de las arenas movedizas

Una vez vi un vídeo de esos que explicaban cuál es la mejor manera de salir de unas arenas movedizas si estamos solos y no tenemos a un colega con una cuerda y una furgoneta para tirar y sacarnos de ahí. Es muy interesante. En lugar de patalear y patalear (eso hace que nos hundamos más deprisa), tenemos que intentar «tumbarnos», para así repartir mejor nuestro peso a lo largo de la superficie de ese barro infernal. Así nos hundiremos mucho más despacio y podremos empezar a sacar las piernas poco a poco y con menos esfuerzo. Si te vas a internet, te lo explican mucho mejor que yo; pero, sinceramente, espero que nadie tenga que ponerlo en práctica nunca.

¿Y para qué te cuento esto? Pues porque me pareció una introducción graciosa antes de darte unos *tips* para salir de las arenas movedizas del perfeccionismo:

- Pregúntate qué cosas o personas estás poniendo en un pedestal. Reflexiona sobre hasta qué punto merecen estar ahí, y bájalos un poco al suelo. Desidealízalos, observa sus imperfecciones e intenta aprender de ellas.
- Piensa en las cosas que haces para perseguir ciertos ideales de perfección. ¿Te has hecho daño? ¿Valió la pena? ¿Tus esfuerzos son coherentes con tus habilidades, recursos y circunstancias? ¿Qué beneficios podría traerte bajar un poco el ritmo? Piensa en cómo ajustar tus expectativas a algo más digerible.

- Reflexiona acerca de tus limitaciones e imperfecciones. ¿Tus inseguridades tienen de rehén a tu autoimagen? ¿Cómo podrías sacar tus imperfecciones a pasear? ¿Y si haces el experimento de hablar más abiertamente de algunos de tus errores y equivocaciones? Seguro que te sale alguna historia de superación de las buenas, de las creíbles y que no crean inseguridades en los demás. ;)

La vida es un 7

He aprendido mucho del psicólogo Víctor Amat, que dice que la vida es un 7. Su famosa frase se refiere a que la vida está llena de incertidumbres y dificultades, y que aspirar a que todo nos vaya siempre de 10 es una receta segura para sufrir demasiado.

Si evalúas cómo te van las cosas y te sale un 7, date con un canto en los dientes. Te va moderadamente bien, y algo importantísimo en salud mental es saber apreciar lo que tenemos y nuestras habilidades. Joder, la vida te lanza hostias y te estás apañando bastante bien para esquivarlas. Date una palmadita en la espalda. Igual de vez en cuando tienes un día de 9. A veces habrá días o épocas bastante malas, de 2 o 3.

Por eso te recomiendo ajustar tus expectativas, como bien dice mi compañero Víctor. No busques la perfección. Busca el 7. Ser normal ya puede ser una bendición. Las cosas nos pueden estar yendo relativamente bien, pero la comparación con lo que vemos en redes sociales o a nuestro alrededor nos hace sentirnos miserables y pedirle a la vida cosas que en realidad son poco frecuentes. Hay altos y bajos, y por supuesto que debemos luchar para mejorar nuestras condiciones de vida, pero si nos exigimos vivir constantemente en el «pico», nos vamos a decepcionar mucho y nos costará más disfrutar de lo que hayamos conseguido.

Es muy sano perderle el miedo a la mediocridad y aceptar que podemos vivir muy felices siendo mediocres aquí o allá, navegando las tormentas como mejor podamos y apañándonos con nuestras habilidades y recursos.

9

EL SANTO GRIAL DE LA MOTIVACIÓN

No renuncies a tus sueños, mejor sigue durmiendo.

ANÓNIMO

¿Querer es poder?

La motivación es probablemente la palabra preferida de los gurús desde hace años. Es una especie de ente mágico que te otorga superpoderes y capacidad de hacer cualquier cosa. Lo único que te separa de tus sueños más húmedos es la motivación. Si tienes suficiente motivación, puedes con todo. El poder está dentro de ti, ¿por qué no lo coges, tontito? También suele usarse la expresión «fuerza de voluntad», que también es bastante inútil. ¿Por qué? Porque decir que a alguien le falta fuerza de voluntad para hacer algo es como no decir nada. ¿A qué porras se refiere exactamente? Si le preguntas a cualquier charlatán de esos que dan conferencias hablando de mentalidad de abundancia y cosas así, la mayoría te dirán que tu problema es que no querías lo suficiente.

Me da especial rabia cuando esos charlatanes delirantes se meten con temas de salud y dicen que alguien no superó un cáncer porque no luchó lo suficiente. Hay que ser un verdadero monstruo para decir cosas así y quedarse tan pancho. Me está viniendo a la cabeza uno especialmente famoso (lástima) que llegó a decir que algunos «se mueren por gilipollas», a la vez que vendía cursos milagrosos sobre curarse sanando al niñato interior y locuras del estilo.

Esos discursos son especialmente peligrosos cuando hablamos de personas vulnerables. La mayoría de los gurús intentan venderte la idea de que puedes copiar sus supuestos éxitos de la misma manera que ellos. Pero se olvidan de una cosa muy importante: no sois iguales, ni partís de las mismas circunstancias. Esto lo veo muy a menudo al trabajar con personas que quieren dejar de fumar. Casi todas tienen algún amigo, familiar o conocido que dejó de fumar de un día para otro y sin ayuda. El cuñado no para de repetir que solo tienen que ponerle fuerza de voluntad y ya está. Pero se olvida de que:

- Está hablando de un problema de adicción, que es algo muy complejo.
- Está hablando de una droga (nicotina) que afecta de manera algo diferente a cada persona según su genética, metabolismo y muchas cosas más.
- Fumar es una conducta que se aprende, y cada persona tiene unos patrones de consumo totalmente diferentes (unos fuman ocho cigarros al día; otros, cuarenta; algunos fuman más por las mañanas; otros fuman más por las tardes; algunos fuman a solas; otros fuman mucho más socialmente; algunos llevan tres años fumando; otros, treinta y tres; unos tienen una vida relativamente tranquila y ordenada; otros tienen un montón de

preocupaciones encima aparte de querer dejar de fumar, etc. (y podría seguir varias páginas más solo con esto).

Cuando se habla de la motivación o la fuerza de voluntad como origen del éxito, se da por hecho que basta con querer algo para que, sencillamente, se cumpla, y que las circunstancias o contexto de la persona dan igual. Y no es así. No eres una isla aislada del resto del mundo. Lo que ocurre a tu alrededor te afecta. El punto de partida a veces importa más que el camino.

Puedes intentar imitar esa receta que viste en la tele, pero necesitas comprar los ingredientes (obvio) y tener una serie de habilidades y equipamiento para que la cena te salga igualita que a tu chef preferido. Igual en la receta dicen: «Coge medio kilo de lentejas y cuécelas a fuego medio», pero no te dicen qué variedad exacta de lentejas usaron, «fuego medio» es algo ambiguo y el material de tu olla también va a afectar al resultado. Al final, lo que más influye en cómo salga un plato es la experiencia de quien maneja el fuego y los cuchillos, y de cómo de bien equipada tenga la cocina. ¿Se entiende? *It's very difficult* todo esto.

Por supuesto que querer algo es importante para empezarlo. Pero ese es solo el primer paso. A lo largo del camino, las ganas son bienvenidas y ayudan mucho (esenciales, obvio), pero para llegar hasta el final del camino necesitaremos de estrategia y algo más que buenas intenciones.

Astronauta confuso busca bolígrafo

Un día vi un vídeo muy curioso. Era sobre astronautas que volvían a la Tierra después de pasar una larga estancia «allí arriba». Era muy gracioso. En el vídeo entrevistaban a un astronauta, que sujetaba un bolígrafo mientras hablaba. De repente se le caía el bolígrafo... Te voy a hacer una pregunta muy rara. Si se te cae un bolígrafo, ¿hacia dónde miras? Si eres normal, mirarás hacia abajo. Pues ese astronauta se ponía a mirar hacia arriba y hacia los lados. Después de unos segundos ponía cara de confuso. De repente, recordaba que había gravedad, y que aquí, en la Tierra, la mayoría de los bolígrafos caen hacia abajo. Claro, es que en el espacio se acostumbraban a soltar los objetos y que estos se quedasen flotando muy cerca del sitio donde los habían soltado. Pero aquí abajo no, si sueltas algo, va al suelo. Y en el vídeo al final siempre ponían cara de «no sé en qué planeta vivo».

Lo que les pasa a los astronautas unos días después de haber aterrizado es normal. Se acostumbraron a un entorno diferente con unas reglas muy distintas. Y al cambiar de entorno y reglas otra vez, tardaban un poco en readaptarse al nuevo-viejo sistema. Eso nos pasa a todos. Cuando nos encontramos con un problema, intentamos solucionarlo de la manera más automatizada que tengamos. Y a veces funciona, a veces no. La mayoría de los problemas psicológicos son «soluciones» que en algún momento fueron útiles, pero que ahora ya no. Igual que el astronauta aprende a manejar los objetos del día a día sin gravedad, y al volver a la Tierra tiene que desechar ese sistema.

Lo mismo nos pasa al resto en el día a día, tenemos que ir ajustando nuestros sistemas y patrones de comportamiento a las circunstancias presentes. Si no nos adaptamos, pasan cosas raras (algunas graciosas, otras no tanto). Es importante entender el contexto en el cual estamos jugando, así como el de otras personas antes de juzgarlas, etiquetarlas o intentar ayudarlas.

Eres un vago

Cuando insinúan que la fuente de tus desgracias es tu falta de voluntad o no querer las cosas lo suficiente o algo así, te suelen colgar la etiqueta de vago o perezoso. Esto se hace muy a menudo con los niños. Si no muestran interés o pericia en algo, hay gente que enseguida salta a etiquetarlos como seres con poca fuerza de voluntad y destinados al fracaso. En lugar de fijarse en lo que está ocurriendo en su contexto.

A lo mejor los profesores tienen tantos alumnos, trabajan tantas horas y están tan malpagados que ni de coña tienen el tiempo necesario para dedicárselo a los alumnos que necesitan estrategias de aprendizaje diferentes. A lo mejor las condiciones de enseñanza son tan malas que es dificilísimo transmitir ciertos conocimientos de manera divertida e interesante. Y si un chaval tiene problemas para memorizar grandes cantidades de temario, ¿qué le va a aportar eso en la vida? Si al final guardamos todos los números de teléfono en la agenda, y los datos históricos los podemos mirar en internet en dos segundos. A lo mejor el chaval se ha dado cuenta de que lo que le obligan a aprender no tiene muchas aplicaciones prácticas en la vida real (o en su día a día más inmediato), entonces es normal que no muestre interés.

Etiquetar a otras personas como vagas o débiles nos ahorra tiempo, pero a la vez nos impide conocerlas, porque damos por sentado que ya tenemos la explicación (todos somos «psicólogos de bar», ya entiendes a qué me refiero). Además, nos impide encontrar maneras de ayudar a esa persona con sus dificultades específicas. ¿Para qué tratar de buscar respuestas en el contexto de la persona si ya damos por sentado que conocemos su interior? ¿Para qué vamos a buscar nuevas estrategias para apoyarla si ya damos por sentado que está marcada de por vida, que tiene una especie de rasgo de personalidad sin remedio que la condena a la casta más baja de la sociedad?

Siempre que pienso en este tema me acuerdo de un amigo. Cuando era niño, su madre le decía que era un vago y un perezoso, que guiaba su vida por la ley del mínimo esfuerzo. Él le contestaba que la ley del mínimo esfuerzo era genial, porque consistía en buscar la manera más eficiente de hacer las cosas: con el mínimo esfuerzo o gastando pocos recursos. Este amigo es ingeniero. Si los ingenieros saben de algo, es de cómo encontrar la mejor forma de hacer una cosa ahorrando tiempo y recursos al máximo. A veces procrastinamos porque no pensamos que ese esfuerzo extra vaya a reportarnos beneficios. Y eso está genial.

Procrastinar mola

Procrastinar es una palabra muy fea y muy popular. Básicamente significa «posponer» o «dejar algo para luego». Lo primero que le viene a la cabeza a mucha gente es la sensación de culpabilidad. No hago tantas cosas como los demás, o no las hago tan rápido, a veces no tengo ganas de hacerlas... Pues, hala, soy un procrastinador que procrastina el arreglar su procrastinación. Culpa, culpa, culpa.

Hay que ser consciente de que hoy en día existe una crisis de salud mental, y en parte está afectada por las expectativas extremas que crean ciertos personajes e industrias. *Influencers* de todo tipo muestran sus rutinas de gym, los platos molones que comen, fotos en las que salen delante de su ordenador portátil en una playa (aunque algunas personas presuman de trabajar desde la playa, me parece la cosa más incómoda y triste del mundo, además del postureo máximo), etc. Al final, la estrategia es mostrar una imagen perfecta e inalcanzable, para que la gente desee ser como ellos, pero sin llegar jamás a conseguirlo (así se sentirán siempre en necesidad de comprar todo lo que promocionen hasta el infinito, un *customer journey* que no acaba nunca).

La cosa es que muchísima gente se siente cada vez más y más culpable por no conseguir hacer lo que otras personas *aparentemente* consiguen con poco esfuerzo. A veces me llega gente a consulta quejándose de que no paran de procrastinar y no saben cómo dejar de hacerlo, que quieren alcanzar su mejor versión y tal y cual. Y no se dan cuenta de que, a veces, procrastinar es lo mejor que podría pasarnos.

Procrastinar solo es una palabra fea para hacernos sentir culpables por no hacer las cosas tan rápido como otras personas (y es clave para vender ciertos productos y servicios). Y muchas veces, no deberíamos sentirnos culpables. Porque aquello que marcamos con la etiqueta negativa de la procrastinación no es otra cosa que *descansar*.

¿Por qué porras dejamos cosas para después, aunque pensemos que son cosas positivas o necesarias?

- Porque no tenemos suficientes razones para hacerlo.
- Porque estamos cansados de hacer otras cosas y el cuerpo nos pide descansar.
- Porque pensamos que no tenemos el conocimiento o la habilidad suficiente para hacerlo, y vamos posponiendo el momento de confirmar nuestro fracaso.
- Porque nos da miedo (las posibles razones son infinitas).
- Porque necesitamos ayuda, al menos al principio.

He visto a gente matarse a estudiar más de diez horas al día, y aun así pensar que están procrastinando y que deberían ser capaces de estudiar más. Joder, a lo mejor la razón por la que sienten que sus diez horas de estudio diarios son poco productivas es porque se están saturando y necesitan estudiar menos horas para sacarles más partido. Cada vez más organizaciones se están planteando lo de reducir las horas de la jornada laboral, porque se están dando cuenta de a veces *menos es más*.

Quieras o no, tu cabeza necesita descansos para recargar la maquinaria neurológica de los mecanismos de atención. Si la fuerzas demasiado durante mucho tiempo, peta. Te saturas y tu coco se va de vacaciones. Si te empeñas en negarte el descanso que necesitas, tranqui, que tu cuerpo impondrá el descanso por ti (y en el momento más inoportuno). Muchos estudiantes descubren que rinden mucho más cuando limitan sus jornadas de estudio a seis u ocho horas diarias, se dan pequeños descansos cada treinta o sesenta minutos, se obligan a dar paseos y tomar el aire, hacer algo de ejercicio o desconectar jugando un rato a videojuegos al final del día.

Sin embargo, esas cosas que he descrito en el párrafo anterior serían etiquetadas como «sucia procrastinación» en muchos círculos de tiranos de la motivación que no tienen ni idea sobre el comportamiento humano. Procrastinar puede ser muy bueno según las circunstancias. A veces, cuando nos cuesta empezar a hacer algo, es porque no lo estamos enfocando de la manera adecuada (o ni siquiera nos apetece y nos estamos obligando a hacer algo más por moda que por otra cosa).

Lo conecto con el rollo sobre la motivación que te contaba al principio del capítulo: hablar de «fuerza de voluntad» no sirve para nada porque no nos ayuda a entender las verdaderas dificultades de una persona, al contrario, solo las emborrona y nos desconecta de sus necesidades. Una persona puede fallar en algo porque le falta habilidad o conocimiento, no cuenta con los recursos necesarios, no es el momento ni el lugar, o no tiene a su lado a las personas adecuadas. Y primero tendrá que ir trabajando esas cosas antes de lanzarse. No hay que afrontar las dificultades a ciegas y dándonos golpes en el pecho mientras suena música épica de fondo. Hay que usar la cabeza. Pero sí que existen situaciones problemáticas, por supuesto. Por ejemplo, he conocido a cientos de personas que llevaban años sabiendo que tenían un problema de adicción, pero esperaron varios años antes de intentar superarla, y mucho más antes de pedir ayuda profesional.

¿Y por qué posponemos las cosas aunque sabemos que son importantes? ¿Incluso cuestión de vida o muerte? Desgraciadamente, hay ocasiones en que no movemos el culo hasta que empieza a oler a quemado (y un poco a pollo al horno). Como explicaba antes, hay problemas que nos parecen tan difíciles de superar que vamos posponiendo los intentos de solución para no agobiarnos o confirmar un fracaso. Muchas personas a las que he ayudado a dejar el tabaco u otras drogas me han contado cómo iban procrastinando lo de ir a terapia porque les daba muchísimo miedo terminar confirmando que no tenían solución, que eran un caso perdido, que tenían una «personalidad adictiva» o algo así. Y antes que confirmar un fracaso, muchas personas prefieren vivir años y años en el limbo de la duda, escondiéndose debajo de la manta con la esperanza de que el monstruo se coma a otro. A lo mejor tú estás posponiendo lo de hacer más ejercicio o lo de pintar la pared del pasillo o pedir cita para el médico y que te miren ese dolor raro en el brazo...

¿Consejos para superar la procrastinación?

- Pregúntate por qué es importante, y qué es lo peor que podría pasar si no haces nada (si procrastinas hasta el próximo Big Bang).
- Pregúntate por qué lo estás posponiendo tanto, cuáles son los miedos o las dificultades asociadas.
- ¿Hay alguna razón buena de verdad para no hacerlo hoy o mañana? Si no la hay, pon fecha y hora, cuanto más concreta seas, más probabilidades habrá de que lo hagas (evita los planes del tipo «a ver si encuentro un rato esta semana...», están condenados al fracaso porque son ambiguas y hay muy poco compromiso en el encuadre).

Ordenador infernal

Estoy casi seguro de que esto te ha pasado a ti también alguna vez (probablemente más de una). Estás trabajando en el ordenador, abres varias pestañas del navegador y el ordenador se termina colgando. La pantalla se queda congelada, el ratón no se mueve. Te pones a hacer clic y todo sigue parado. A veces incluso te sale una ventana con un mensaje de error o un símbolo de carga dando vueltas eternamente.

Es una paradoja, porque el ordenador se ha sobrecargado, y cuantos más clic hacemos, más tarda en desatascarse. La lógica nos dice que, si alguien se atraganta con algo, hay que sacudirle bien para que expulse la gamba asesina. Pero el ordenador no va así, cuanto más lo sacudamos, más se va a atascar.

Eso pasa también muchas veces con nuestra mente. Cuando tenemos alguna duda o nos abruma la incertidumbre, la obsesión con encontrar una respuesta perfecta hace que nos atasquemos de puro agobio e indecisión. A algunos psicólogos nos mola llamarlo «parálisis por análisis». Nos suele dar parálisis por análisis cuando nos empeñamos en buscar algo que nos dé una puntuación de cien en seguridad y librarnos por completo de la duda. Es como forzar el ordenador al máximo teniendo cien pestañas abiertas a la vez. Al final acaba petando. Al final nos atascamos y el problema que nos preocupaba empeora todavía más.

La parálisis por análisis es una de las principales causas de la procrastinación que nos hace sentir tan culpables. Suele ocurrir cuando no hemos enfocado bien la solución al problema. Intentamos cargarnos demasiado, y antes que reconocer que no podemos hacer las cosas así, seguimos insistiendo y atascándonos. A veces tenemos tantísima prisa por hacer las cosas que nos empachamos hasta no poder hacer nada. Es la crónica de una muerte anunciada.

Quédate con esta idea: mejor hacer las cosas despacio y bien que deprisa y mal. Menos es más. Si te cuesta hacer algo, pregúntate si estás siendo demasiado exigente o rígida en la forma de conseguirlo. Reduce la presión, coge las pesas más pequeñas del gym, aunque te dé vergüenza. Ya te crecerán los músculos y podrás levantar más peso más tarde. Calma. Mejor empezar despacio que ir corriendo y pegarte una hostia. Pero asegúrate de que el primer paso sea lo antes posible. Un paso pequeño, fácil de digerir. La clave es empezar la inercia. ¿Quieres hacer más ejercicio? Elige un rato libre hoy y sal a dar un paseo por tu barrio. No intentes empezar con dos horas de *crossfit*.

El caos del orden

Es difícil que nunca hayas oído hablar de Marie Kondo, la gurú del orden y la limpieza. Esa mujer vendió millones de libros sobre cómo tener nuestras casas muy bien ordenadas e inmaculadas mejora nuestro estado de ánimo y nuestra productividad. Mientras yo escribía este libro, Marie Kondo reconoció que ni siquiera ella era capaz de mantener su casa ordenada con tres hijos. A mucha gente se le cayó un mito. Kondo era una persona que supone monetizar su obsesión por el orden, y vendía su obsesión como la solución a los problemas de otras personas. Al cambiar sus circunstancias y tener que lidiar con tres niños, se dio cuenta de que su método perfeccionista diabólico ya no era compatible con sus circunstancias.

No me quiero ni imaginar la cantidad de lectores de Kondo que se sentirían frustrados y fracasados al intentar imitar a su gurú preferida. Al ver que no podían conseguirlo porque eran normales (tenían hijos por casa, otras responsabilidades y simplemente no eran unos obsesivos de la limpieza y el orden), quizá se sintieron culpables o se preguntaron qué clase de trauma infantil oculto tendrían que les impedía transformarse en su mejor versión y dejar de procrastinar los rituales de limpieza que los elevarían al panteón.

Pues se comieron un mojón. El contexto importa. Tres niños pueden más que cualquier adulto, y vas a tener que aprender a tolerar ciertos caos y desorden si quieres conservar tu salud mental y disfrutar de tus hijos. (Marie Kondo tomó la sana decisión de dejar de centrarse tanto en mantener la casa impoluta y, en lugar de eso, disfrutar más de sus hijos, que mola más que tener la casa como un palacio).

La trampa de la motivación

La mayoría de la gente piensa que primero necesitan sentir mucha motivación y ganas para ser capaces de hacer las cosas. Se imaginan ese estado mágico y cuasi divino en el que se quieren comer el mundo y pueden sacar adelante cualquier proyecto. Piensan en todos esos flipados que dicen que se levantan a las cuatro de la mañana para meditar, hacer yoga, escribir en su diario y decirse cosas bonitas delante del espejo, ponen ahí sus expectativas y lo intentan. ¿Y qué pasa la mayoría de las veces que intentamos madrugar muchísimo para hacer algo opcional? Que abrimos los ojos, nos damos cuenta de que dormir poco duele, que hace frío, que en la cama se está muy bien, y apagamos el despertador y nos volvemos a dormir, solo para despertarnos varias horas más tarde con mucha culpa dentro y diciéndonos que necesitamos encontrar más motivación.

Luego, mucha gente empieza a decirse a sí misma de manera casi automática: «No seré capaz de hacer esas cosas hasta que recupere la motivación», o: «No conseguiré mantener los resultados en el tiempo si no mantengo las ganas de hacer cosas constantemente». Y eso es un error. Esas personas están cayendo en lo que yo llamo la trampa de la motivación. La mayoría piensa que la gallina vino antes que el huevo, y que primero hay que sentir motivación y ganas locas de triunfar, y que entonces seremos capaces de hacer cosas. Pero es justo al revés. El huevo viene antes que la gallina. Primero hay que hacer cosas, la motivación llega después. Tranqui, que ahora mismo te lo explico.

Empezar con muchas ganas está genial y ayuda, pero a veces es una cuestión de suerte. Podemos tener muy claras nuestras razones para levantarnos temprano y hacer ejercicio por las mañanas antes de ir a trabajar. Pero la cosa cambia completamente cuando hace frío, la cama está calentita y no tenemos ningunas ganas de correr diez kilómetros o de hacer sentadillas. En ese momento, no tenemos ganas. Sin embargo, cuando nos obligamos a levantarnos a pesar de tener pocas ganas (hay que ser muy friki para levantarse temprano a hacer ejercicio, te lo digo yo que soy uno de esos), la motivación y las sensaciones agradables suelen venir después.

Por ejemplo, yo nunca jamás tengo ganas de hacer ejercicio por las mañanas. No. Porque quedarme en la camita abrazando a mi pareja es mil veces más agradable que irme al gym a sufrir. Porque hacer ejercicio duele, es incómodo. Sin embargo, cuando me obligo a ir, siempre me alegro de haberlo hecho por varios motivos:

- He hecho algo que sé que es bueno para mí (hacer ejercicio por salud, por ejemplo).
- Me siento orgulloso por haber hecho algo que sé que a veces me cuesta.
- He mejorado: he levantado más peso que otros días en tal o cual máquina, corro más rato con menos esfuerzo, o me miro al espejo y me gusta el culito que se me queda después de unos meses de sentadillas.
- Afronto el resto del día con mejor humor y más energía que si no hubiera hecho ejercicio, porque estoy hasta arriba de endorfinas (droga natural de la buena, chaval).

Después de eso, ya siento muchas más ganas de volver a hacer ejercicio, y cada día se hace un poquito más fácil. En días lluviosos o con viento o en los que me siento ansioso por ponerme a hacer otras cosas, me obligo a hacer ejercicio aunque no me apetezca, porque sé que a los cinco minutos de empezar me sentiré muy bien por haberlo hecho.

Ojo, esta estrategia solo suele funcionar si lo que tenemos por delante es fácil o moderado. Si nos obligamos a hacer cosas demasiado difíciles o duras, es probable que nos hagamos daño, nos abrumemos y terminemos con miedo a volver a intentarlo. Por ejemplo, si llevas tiempo queriendo hacer ejercicio por las mañanas, puede ser mala idea empezar corriendo diez kilómetros o levantar pesas durante hora y media. Es mejor ir cogiendo el hábito de levantarte unos minutos más temprano cada semana, hacer ejercicios leves y fáciles, e ir subiendo la dificultad según avances. Igual empiezas poniéndote las zapatillas y trotando veinte minutos alrededor de tu barrio, corriendo un minuto y caminando el siguiente, corriendo un poco y caminando otro rato. Y pasados unos días, ya intentas correr unos cuantos kilómetros seguidos sin parar, o a mayor velocidad. ¿Se entiende? Nuestro punto de partida es muy importante, sobre todo si tenemos poca experiencia con la tarea que tenemos por delante.

Estoy deprimido

Una de las estrategias terapéuticas más efectivas para ayudar a las personas deprimidas es la «activación conductual». Tiene un nombre feísimo que suena a meterle a alguien un USB por el culo, pero ahora te explico en qué consiste.

Básicamente, se trata de ayudar a la persona a organizarse mejor para hacer cosas que había dejado de hacer por falta de ganas o por verse abrumada por su sufrimiento y desesperanza. La lógica de muchas personas deprimidas es: «Como no tengo ganas de hacer nada, no puedo hacer nada», y se quedan sentadas mucho tiempo esperando que un día se despierten y mágicamente hayan recuperado la motivación. Como ya te expliqué antes, esa lógica es errónea la mayoría de las veces. En su lugar, es mejor acostumbrarnos a hacer pequeñas cosas aunque no tengamos muchas ganas, y nuestro estado de ánimo irá mejorando poco a poco. Pero, claro, no es tan fácil como decirle a la persona que «tiene que hacer cosas» y ya está. Un buen profesional de la salud mental ayudará a la persona a entender mejor su tristeza, así como las dificultades y los bucles de pensamiento que le impiden volver a llevar una vida normal.

Me estoy acordando de una persona que tuvo una mala época y llevaba meses sin limpiar su casa. El problema era cada vez peor, porque la casa estaba cada vez más sucia y le daba más pereza todavía empezar a limpiarla. Era pensar en el tema y darle ansiedad, porque anticipaba que la tarea le llevaría varias horas, y ni de coña tenía energía para tanto. Cuando hablamos del tema en terapia, le sugerí dividir la tarea «limpiar la casa» en varias subtareas, como «limpiar la cocina», «limpiar el baño», «fregar el suelo», «pasar la aspiradora», etc. Le pedí que me explicase cuál de esas subtareas le parecía más tediosa y cuál le parecía más fácil. Entonces, le sugerí que empezase primero por la que le parecía más fácil (pasar la aspiradora le parecía agradable, como a mí), y que avanzase lo que quisiera. Que no se obligase a limpiar toda la casa de golpe el mismo día, porque eso era un suplicio y era natural que no le apeteciese nada.

¿Adivinas qué pasó? Empezó a pasar la aspiradora mientras escuchaba música (con auriculares), terminó mucho más pronto de lo que imaginó, y ya que había empezado y estaba de buen humor, pues siguió con las demás subtareas y limpió la casa entera en tiempo récord. Recuerdo que me lo contó en la siguiente sesión de terapia y estaba flipando. Obviamente, no esperaba que se animara tanto y limpiara la casa entera de golpe, esperaba que se la repartiese a lo largo de varios días (pusimos el listón bajo para no abrumarla), pero fue un exitazo. A partir de ese pequeño éxito, fuimos trabajando en otras áreas que había dejado aparcadas, cazando y desmontando excusas, planificando por subtareas y empezando primero por las menos exigentes. A lo largo de unas cuantas semanas, su día a día había mejorado muchísimo. Seguía sintiéndose mal con algunos asuntos (estar deprimidos es jodido y complejo, ya te lo expliqué en el capítulo de la tristeza), pero se encontraba en una posición muchísimo mejor para ir afrontándolos.

¿Terapia de shock?

Hay gente que de verdad se piensa que obligando a la gente a enfrentarse a sus dificultades de golpe funciona siempre. Y a veces no solo no ayuda, sino que los deja traumatizados. Sé de alguna persona que, cuando era pequeña, no sabía nadar. Sus padres se empeñaron en que tenía que aprender lo antes posible. Y sin intentar hablar con ella y ayudarla a llevarse mejor con el agua pasito a pasito (¿aletazo a aletazo?), la apuntaron a natación, la llevaron en coche a la piscina municipal sin avisarla de adónde iban, le dieron la bolsa con el bañador y la mandaron al vestuario, y al final el profesor de natación la cogió en brazos y la tiró al agua mientras esta lloraba. La niña salió nadando, pero además de haber vivido esa situación como una humillación, aprendió que no podía confiar en sus padres y les cogió manía a las piscinas. Siguió yendo a natación porque sus padres la obligaban, pero le cogió asco a todo el asunto.

Por eso, si queremos ayudar a alguien que está pasando por dificultades o falta de motivación, es mucho más inteligente (y amable) preguntarle a la persona cuáles son sus «peros». Cuando estamos deprimidos o no tenemos ganas de hacer algo, vamos a generar un montón de excusas y justificaciones para no hacerlo y quedarnos como estamos. Y estas casi siempre van a empezar con «pero». Por ejemplo:

... pero no tengo ganas;

... pero no sé cómo hacer eso;

... pero no se me da bien;

... pero se van a reír de mí;

... pero no quiero ir yo sola;

... pero hace frío;

... pero nunca he hecho algo así;

... pero ¿y si pasa x?

Y así hasta el infinito. Y, ojo, no digo «excusas» con tono despectivo o culpabilizador. Muchas de las razones que nos dé la persona para no hacer algo van a ser legítimas y razonables. No debemos tomarla por tonta o perezosa. Simplemente, tiene unos recursos y una mochila de experiencias que influyen en su manera de ver las cosas. Y necesitamos partir desde sus marcos de referencia y sus habilidades y recursos para empezar y llegar a algún lado.

Lo mejor es mostrar comprensión y preguntarle: ¿por qué crees que no te gusta nadar?, ¿qué es lo más miedo te da del agua?, ¿qué te parece si empezamos poco a poco donde no cubre? Como te da un poco de vergüenza, ¿te parece mejor si te acompaño yo el primer día?, ¿o prefieres que vayamos primero a este otro sitio donde suele haber menos gente?

La cuestión es validar el «pero» de la persona, explicarle que entendemos su incomodidad, y desde esa posición ofrecerle alternativas. La cosa es evitar la fricción en la medida que podamos, e ir ayudando a la persona a enfocarse en la búsqueda de soluciones, en lugar de evitar automáticamente. Y si no funciona a la primera, no agobies a la persona. Prueba a dejarla en paz un rato y darle tiempo para que le dé vueltas a las propuestas que le has sugerido. Pero evita forzar o presionar demasiado, en muchos casos es contraproducente y hace que la persona se enroque todavía más en su posición inicial.

EPÍLOGO

Pues has llegado hasta el final. Enhorabuena.

Escribir mi primer libro ha sido un desafío. He aprendido muchas cosas por el camino, sin duda. E independientemente de que se venda mejor o peor, yo ya he ganado muchísimo solo con escribirlo. Así que gracias por regalarme tu tiempo, que cada vez estoy más convencido de que es la cosa más valiosa que existe.

Espero de todo corazón que el libro te haya aportado algo, al menos una nueva perspectiva sobre tus preocupaciones del día a día (y que de paso te haya ayudado a sentirte un poco menos marciana cuando las cosas se tuercen).

Recuerda que este NO es un libro de autoayuda, no pretendo cambiarle la vida a nadie. Porque, para la mayoría de los problemas serios, creo que hace falta mucho más que leerse un libro. Un libro puede ser un buen comienzo, pero el camino es mucho más largo.

Recuerda que cada persona es un mundo, cada caso es diferente y que, aunque tengas un problema parecido a alguno de los ejemplos que he puesto en el libro, es probable que el tuyo siga siendo diferente. Así que cuidado. Si tienes algún problema que te está amargando mucho, mi mejor consejo siempre será que consultes con un profesional de la salud mental. Te dará pautas adaptadas a tu caso y a tus necesidades. Tomémonos en serio estas cosas

Ahora te voy a pedir un favor. Si te ha gustado el libro y crees que has aprendido algo nuevo o útil, te agradecería mucho que hicieras alguna cosa de estas:

- Comenta lo que más te ha gustado del libro por redes sociales, tu blog, etc. Etiquétame, así lo veo y me sacas una sonrisa. También puedes escribirme un e-mail a info@luismiguelreal.es, me encanta que mis lectores me escriban.

- Recomiéndaselo a alguna persona cercana a la que aprecies, o incluso regálaselo.
- Deja una reseña en alguna de esas páginas de internet donde compartir opiniones de libros.

Si no te ha gustado el libro, puedes hacer esto:

- Comenta en redes sociales por qué odias el libro y por qué te parezco un absoluto payaso, así en plan *hater*. Así me darás más visibilidad, harás que las ventas crezcan como la espuma, y me darás material para seguir promocionando el libro de manera disruptiva. Tú te desahogas y yo gano atención. *Win-win*.
- Regálaselo a alguien que te caiga mal o te haya hecho algo. *Que se joda*.
- Léetelo otra vez dentro de unos meses. Igual entra mejor, no sé.

REGALO

He preparado algunos regalos y materiales extra para ti. Si te ha gustado el libro, estoy seguro de que te gustarán los regalos.

Si no te ha gustado el libro, igual los regalos hacen que cambies de opinión. Igual te sorprendes.

En cualquier caso, usa este código QR para recibir los regalos:

AGRADECIMIENTOS

No puedo terminar sin darle las gracias a algunas personas.

Primero de todo, a mi editor, Oriol, y al resto del equipo de Penguin Random House. Os agradezco profundamente la confianza que depositasteis en mí y en este proyecto. Pusisteis mucho mimo y me disteis sugerencias muy acertadas; se nota cuando hay experiencia y cariño tirando del carro. Casi casi se me quitó el síndrome del impostor.

También quiero dar las gracias a mi familia y a mi pareja. Soy un privilegiado. Siempre me he sentido extremadamente afortunado, y nunca dejaré de dar las gracias por estar rodeado de personas que me quieren y que siempre han estado ahí cuando he necesitado algo. Mi entorno está lleno de amor, y eso ha sido imprescindible para llegar hasta donde he llegado.

La actitud importa, pero el punto de partida y las personas que te acompañan también. ;)

«Para viajar lejos no hay mejor nave que un libro».

EMILY DICKINSON

Gracias por tu lectura de este libro.

En **penguinlibros.club** encontrarás las mejores
recomendaciones de lectura.

Únete a nuestra comunidad y viaja con nosotros.

penguinlibros.club

 penguinlibros